Table of Contents

This Book Belongs To:

Name:________________________

Phone:________________________

Chapter 1

Mammals #1

Can You Solve The Scrambled Words Below?

CEAZMHINPE ☐☐☐☐☐☐☐☐☐☐

OWC ☐☐☐

CYTOOE ☐☐☐☐☐☐

ERDE ☐☐☐☐

GDO ☐☐☐

EEHNPLAT ☐☐☐☐☐☐☐☐

OXF ☐☐☐

GAIFFRE ☐☐☐☐☐☐☐

TGOA ☐☐☐☐

HOHDGEEG ☐☐☐☐☐☐☐☐

HTAUPIOOPPMS ☐☐☐☐☐☐☐☐☐☐☐☐

OSERH ☐☐☐☐☐

Mammals #1 - Solution

Can You Solve The Scrambled Words Below?

CEAZMHINPE	C H I M P A N Z E E
OWC	C O W
CYTOOE	C O Y O T E
ERDE	D E E R
GDO	D O G
EEHNPLAT	E L E P H A N T
OXF	F O X
GAIFFRE	G I R A F F E
TGOA	G O A T
HOHDGEEG	H E D G E H O G
HTAUPIOOPPMS	H I P P O P O T A M U S
OSERH	H O R S E

Mammals #2

Can You Solve The Scrambled Words Below?

KORNGAAO

OAKAL

LPEAROD

NOLI

OLEM

MNEOKY

UMEOS

TRETO

XO

ADPNA

ESHPE

SERRUQIL

Mammals #2 - Solution

Can You Solve The Scrambled Words Below?

KORNGAAO	K A N G A R O O
OAKAL	K O A L A
LPEAROD	L E O P A R D
NOLI	L I O N
OLEM	M O L E
MNEOKY	M O N K E Y
UMEOS	M O U S E
TRETO	O T T E R
XO	O X
ADPNA	P A N D A
ESHPE	S H E E P
SERRUQIL	S Q U I R R E L

Reptiles #1

Can You Solve The Word Scramble Below?

SAKENS

INGUAA

TLURETS

BGANEL MITOONR

EKGOC

CEHALOMEN

LRIZAD

NIKKS

COODCERILS

Reptiles #1 - Solution

Can You Solve The Word Scramble Below?

SAKENS	S N A K E S
INGUAA	I G U A N A
TLURETS	T U R T L E S
BGANEL MITOONR	B E N G A L M O N I T O R
EKGOC	G E C K O
CEHALOMEN	C H A M E L E O N
LRIZAD	L I Z A R D
NIKKS	S K I N K
COODCERILS	C R O C O D I L E S

Farm & Domestic Animals #1

Can You Solve The Word Scramble Below?

WCO ☐☐☐

RBAIBT ☐☐☐☐☐☐

CDSUK ☐☐☐☐☐

SIHMRP ☐☐☐☐☐☐

GPI ☐☐☐

OATG ☐☐☐☐

BCRA ☐☐☐☐

ERED ☐☐☐☐

EEB ☐☐☐

PSHEE ☐☐☐☐☐

HSFI ☐☐☐☐

TRKEUY ☐☐☐☐☐☐

VDEO ☐☐☐☐

CKHIECN ☐☐☐☐☐☐☐

ERHOS ☐☐☐☐☐

Farm & Domestic Animals #1 - Solution

Can You Solve The Word Scramble Below?

WCO	C O W
RBAIBT	R A B B I T
CDSUK	D U C K S
SIHMRP	S H R I M P
GPI	P I G
OATG	G O A T
BCRA	C R A B
ERED	D E E R
EEB	B E E
PSHEE	S H E E P
HSFI	F I S H
TRKEUY	T U R K E Y
VDEO	D O V E
CKHIECN	C H I C K E N
ERHOS	H O R S E

Start With D #1

Can You Solve Word Scramble?

DDYAD ☐☐☐☐☐

AIRYD ☐☐☐☐☐

EATDL ☐☐☐☐☐

THEAD ☐☐☐☐☐

ETDBI ☐☐☐☐☐

EORCD ☐☐☐☐☐

ETDAL ☐☐☐☐☐

TDEHP ☐☐☐☐☐

RYTID ☐☐☐☐☐

NDROO ☐☐☐☐☐

TUBDO ☐☐☐☐☐

GDHUO ☐☐☐☐☐

Start With D #1 - Solution

Can You Solve Word Scramble?

DDYAD	D A D D Y
AIRYD	D A I R Y
EATDL	D E A L T
THEAD	D E A T H
ETDBI	D E B I T
EORCD	D E C O R
ETDAL	D E L T A
TDEHP	D E P T H
RYTID	D I R T Y
NDROO	D O N O R
TUBDO	D O U B T
GDHUO	D O U G H

Start With D #2

Can You Solve Word Scramble?

ONEDZ

RNDAI

AEMRD

RSDSE

IERDV

NEDRO

EOVDR

RYEDR

APD

DDI

GDI

PDI

Start With D #2 - Solution

Can You Solve Word Scramble?

ONEDZ	D O Z E N
RNDAI	D R A I N
AEMRD	D R E A M
RSDSE	D R E S S
IERDV	D R I V E
NEDRO	D R O N E
EOVDR	D R O V E
RYEDR	D R Y E R
APD	D A P
DDI	D I D
GDI	D I G
PDI	D I P

Start With D #3

Can You Solve Word Scramble?

OGD	Dog
TDO	DoT
SYDA	DaYS
TDEB	DeBt
UGD	DuG
YED	EYP
DDA	DaD
OGD	Dog
DDIE	OiDe
ESOD	SoDe
NWDO	DowN
RPDO	Pord
SKID	KiDS
EFD	FeD

Start With D #3 - Solution

Can You Solve Word Scramble?

OGD	D O G
TDO	D O T
SYDA	D A Y S
TDEB	D E B T
UGD	D U G
YED	D Y E
DDA	D A D
OGD	D O G
DDIE	D I E D
ESOD	D O E S
NWDO	D O W N
RPDO	D R O P
SKID	D I S K
EFD	D E F

Ice Cream Flavours #1

Put In Missing Vowel

C R e a M

C o o K i e S

V e N i L L a

C H o C e L i T e

S T R o W B a R R Y

P e a N o T B u T T e R

B R o W N e V

R o C K Y H a R D

N e a P a L i T e N

C a R a M a L

M i N T o R e o

C a K e B a T T e R

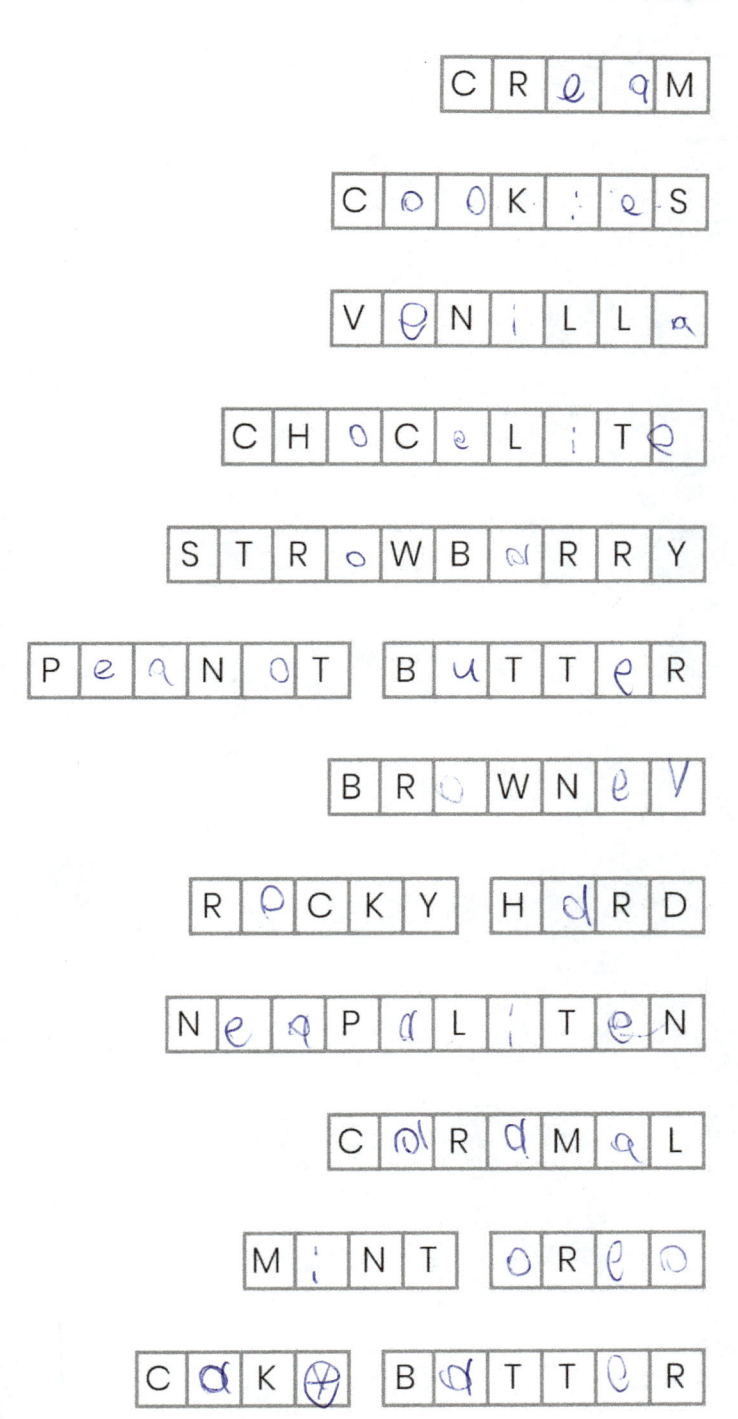

Ice Cream Flavours #1 - Solution

Put In Missing Vowel

C R E A M

C O O K I E S

V A N I L L A

C H O C O L A T E

S T R A W B E R R Y

P E A N U T B U T T E R

B R O W N I E

R O C K Y H A R D

N E A P O L I T A N

C A R A M E L

M I N T O R E O

C A K E B A T T E R

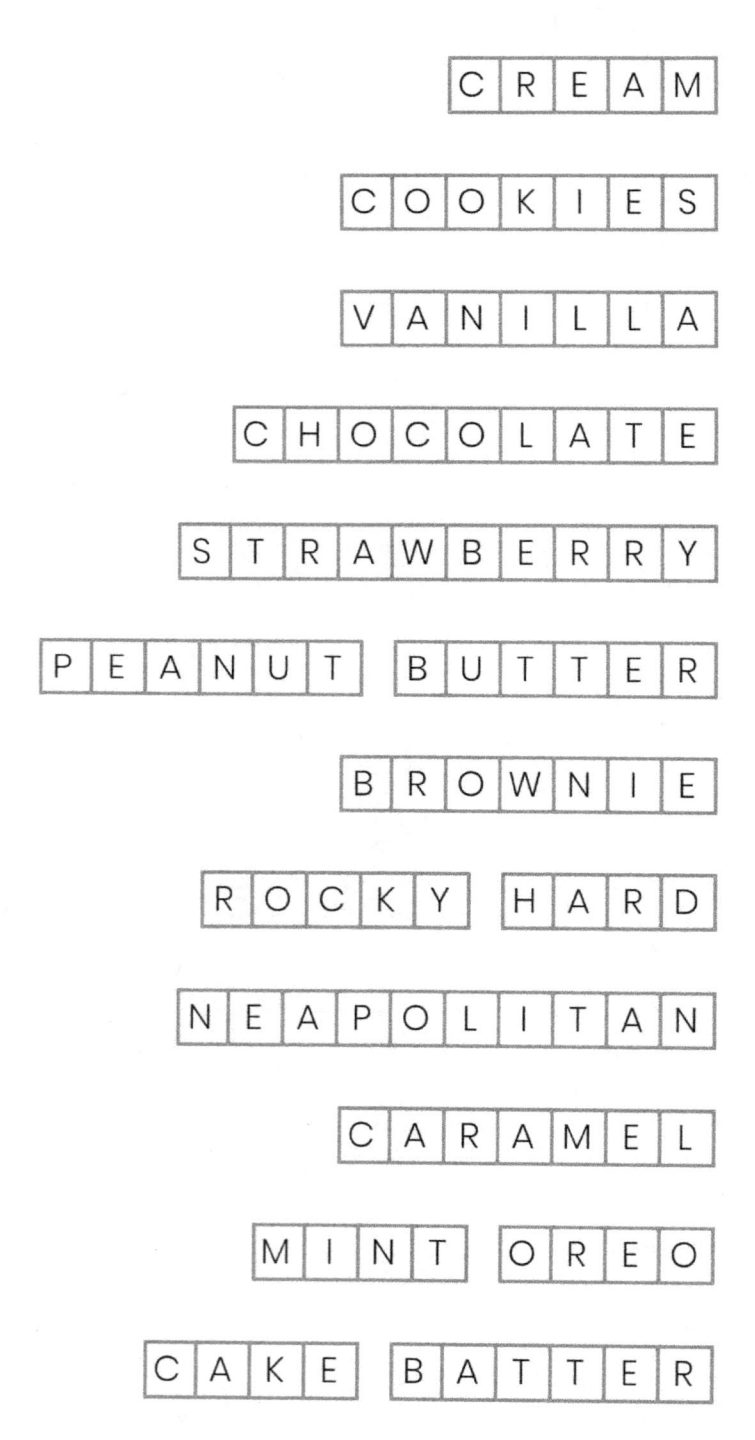

Ice Cream Flavours #2

Put In Missing Vowel

S N i C K e R S

C H e e S e C a K e

C o F F e y

R a S P B a R R Y

B L a C K C H a R R Y

M o C H a

M a N G o

B o T T e R S C o T C H

B a N e N a

B L a C K B e R R Y

S M a R T S

C H a R R Y

Ice Cream Flavours #2 - Solution

Put In Missing Vowel

| S | N | I | C | K | E | R | S |

| C | H | E | E | S | E | C | A | K | E |

| C | O | F | F | E | E |

| R | A | S | P | B | E | R | R | Y |

| B | L | A | C | K | | C | H | E | R | R | Y |

| M | O | C | H | A |

| M | A | N | G | O |

| B | U | T | T | E | R | S | C | O | T | C | H |

| B | A | N | A | N | A |

| B | L | A | C | K | B | E | R | R | Y |

| S | M | O | R | E | S |

| C | H | E | R | R | Y |

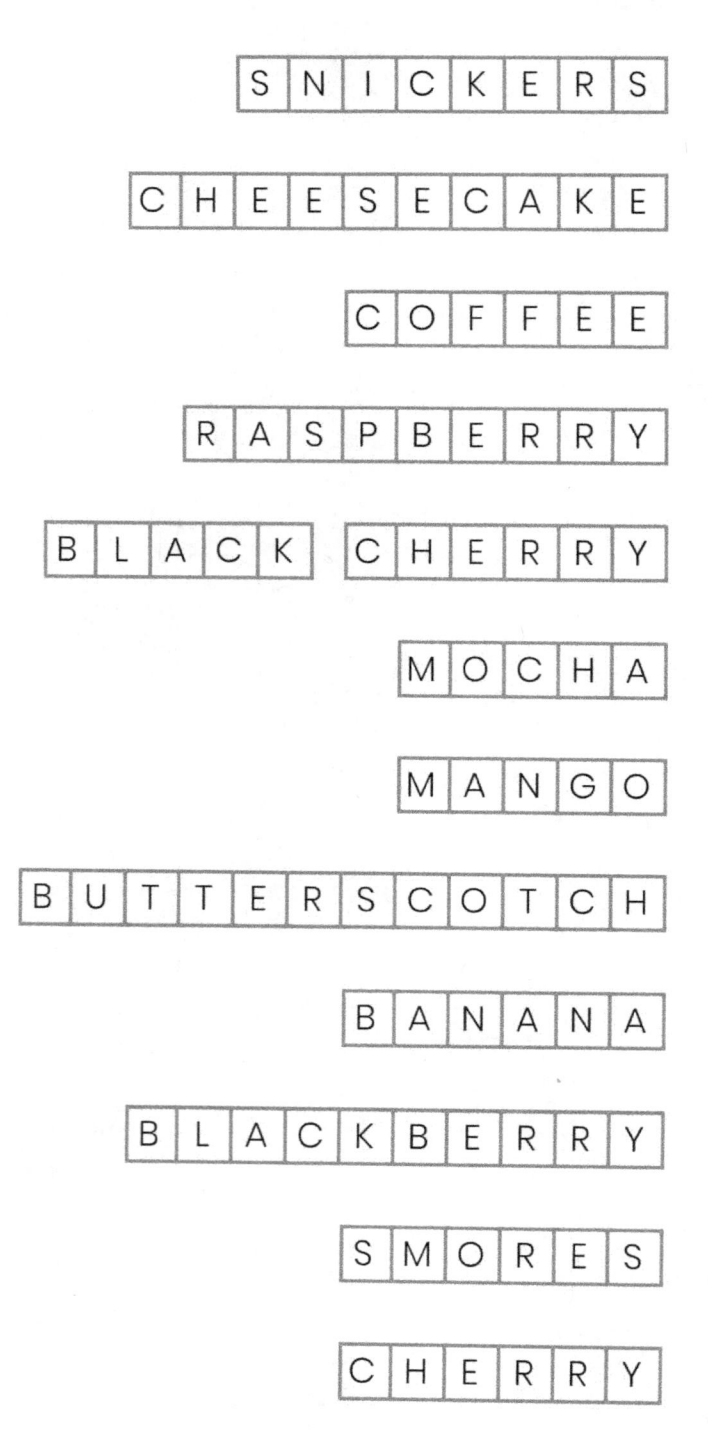

Pizza Flavours #1

Put In Missing Vowel

i L L o | P e L e

B B Q | C H i C K e N

B e F F e L e

C v R B o N B R Y

C H e e S e

F G Z Z

F G Z Z T

G R L C | F N G R S

G R N D S

G R N D M P

G R i L L e D | P e Z Z a

H W N

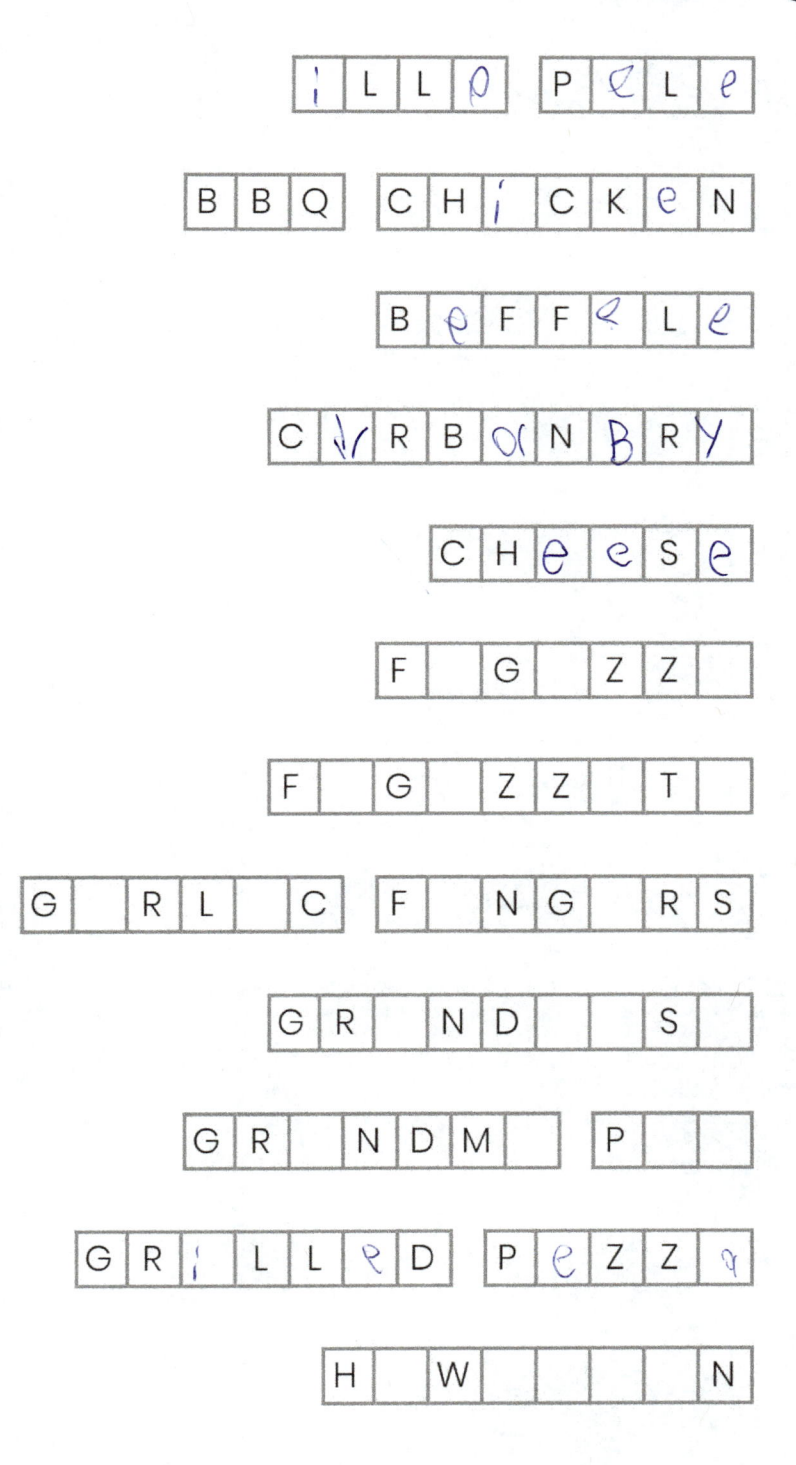

Pizza Flavours #1 - Solution

Put In Missing Vowel

| A | L | L | A | | P | A | L | A |

| B | B | Q | | C | H | I | C | K | E | N |

| B | U | F | F | A | L | O |

| C | A | R | B | O | N | A | R | A |

| C | H | E | E | S | E |

| F | U | G | A | Z | Z | A |

| F | U | G | A | Z | Z | E | T | A |

| G | A | R | L | I | C | | F | I | N | G | E | R | S |

| G | R | A | N | D | I | O | S | A |

| G | R | A | N | D | M | A | | P | I | E |

| G | R | I | L | L | E | D | | P | I | Z | Z | A |

| H | A | W | A | I | I | A | N |

Pizza Flavours #2

Put In Missing Vowel

M _ R G H _ R _ T _

M _ R _ N _ R _

M _ _ T

_ R T _ L _ N _

P _ P P _ R _ N _

P _ Z Z _   B _ _ N C _

P _ Z Z _   C _ K _

P _ Z Z _   _   F _ C H _

P _ Z Z _   F R _ T T _

P _ Z Z _   R _ M _ N _

P _ Z Z _ T T _

P R _ M _ V _ R _

Pizza Flavours #2 - Solution

Put In Missing Vowel

| M | A | R | G | H | E | R | I | T | A |

| M | A | R | I | N | A | R | A |

| M | E | A | T |

| O | R | T | O | L | A | N | A |

| P | E | P | P | E | R | O | N | I |

| P | I | Z | Z | A | | B | I | A | N | C | A |

| P | I | Z | Z | A | | C | A | K | E |

| P | I | Z | Z | A | | E | | F | I | C | H | I |

| P | I | Z | Z | A | | F | R | I | T | T | A |

| P | I | Z | Z | A | | R | O | M | A | N | A |

| P | I | Z | Z | E | T | T | E |

| P | R | I | M | A | V | E | R | A |

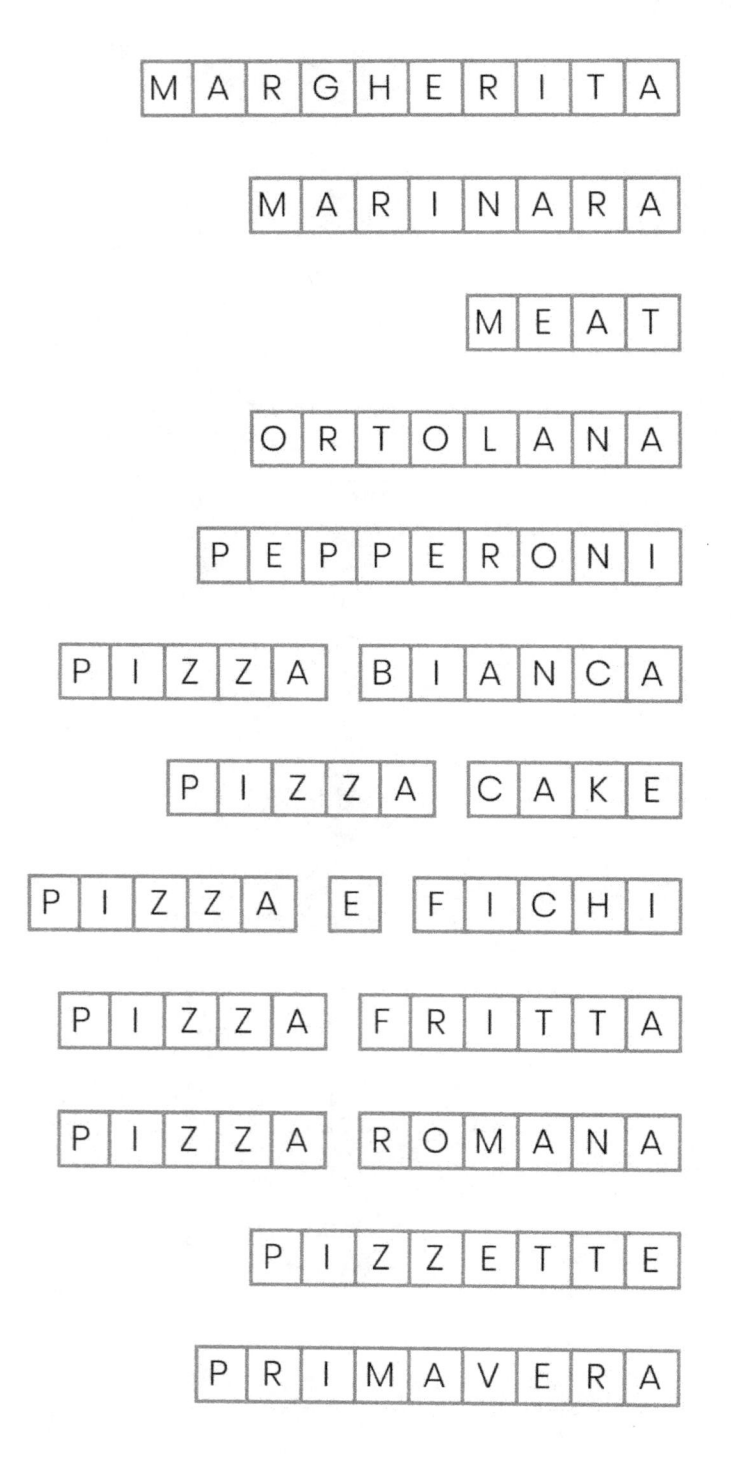

Healthy Snacks #1

Put In Missing Vowel

H		M	M		S

V		G		T		B	L		S

C		L		R	Y

N		T

B		T	T		R

F	R			T	S

	L	M		N	D

	G	G	S

Y		G	H		R	T

	D		M		M	

P		P	C		R	N

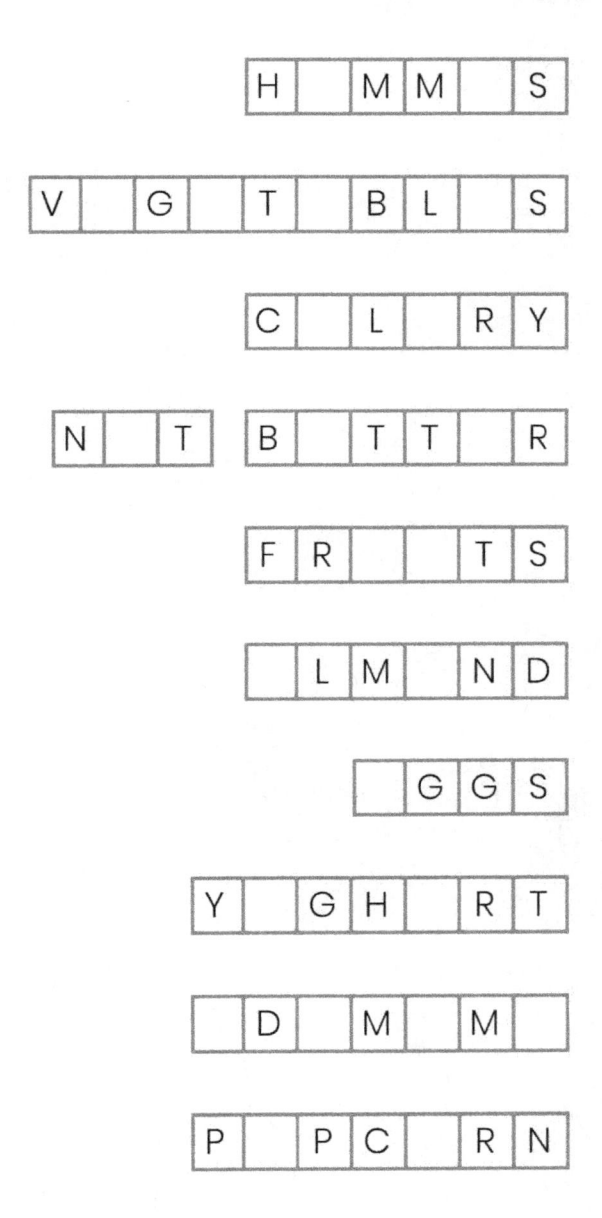

Healthy Snacks #1 - Solution

Put In Missing Vowel

H	U	M	M	U	S

V	E	G	E	T	A	B	L	E	S

C	E	L	E	R	Y

N	U	T		B	U	T	T	E	R

F	R	U	I	T	S

A	L	M	O	N	D

E	G	G	S

Y	O	G	H	U	R	T

E	D	A	M	A	M	E

P	O	P	C	O	R	N

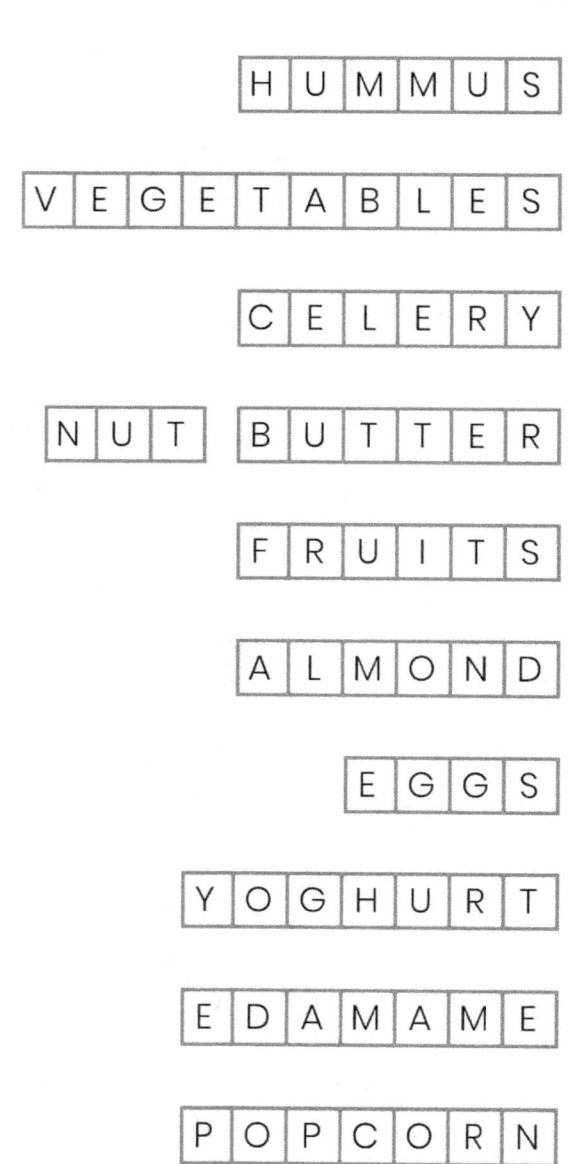

Snacks #1

Put In Missing Vowel

C		N	D	Y

G		M

C			K			S

C	R		C	K		R	S

D	R			D

F	R			T

G	R		N		L	

B		R	S

M		X

N		T	S

S			D	S

		T	M			L	S

P		P	C		R	N

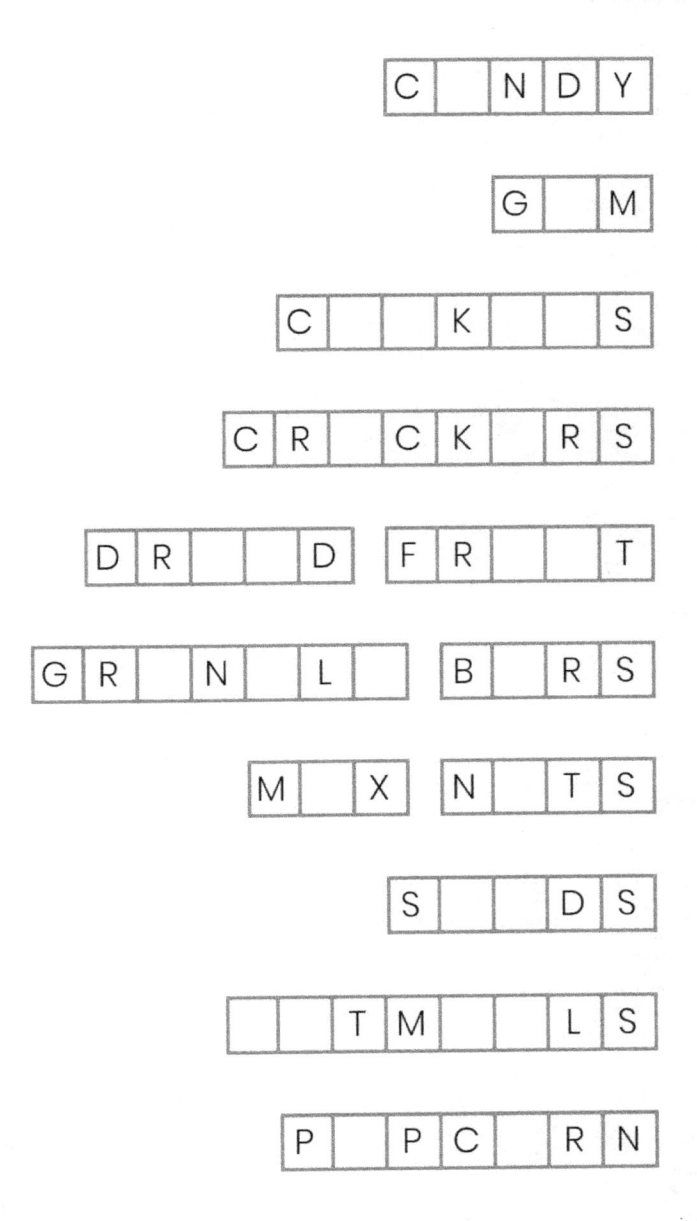

Snacks #1 - Solution

Put In Missing Vowel

C A N D Y

G U M

C O O K I E S

C R A C K E R S

D R I E D F R U I T

G R A N O L A B A R S

M I X N U T S

S E E D S

O A T M E A L S

P O P C O R N

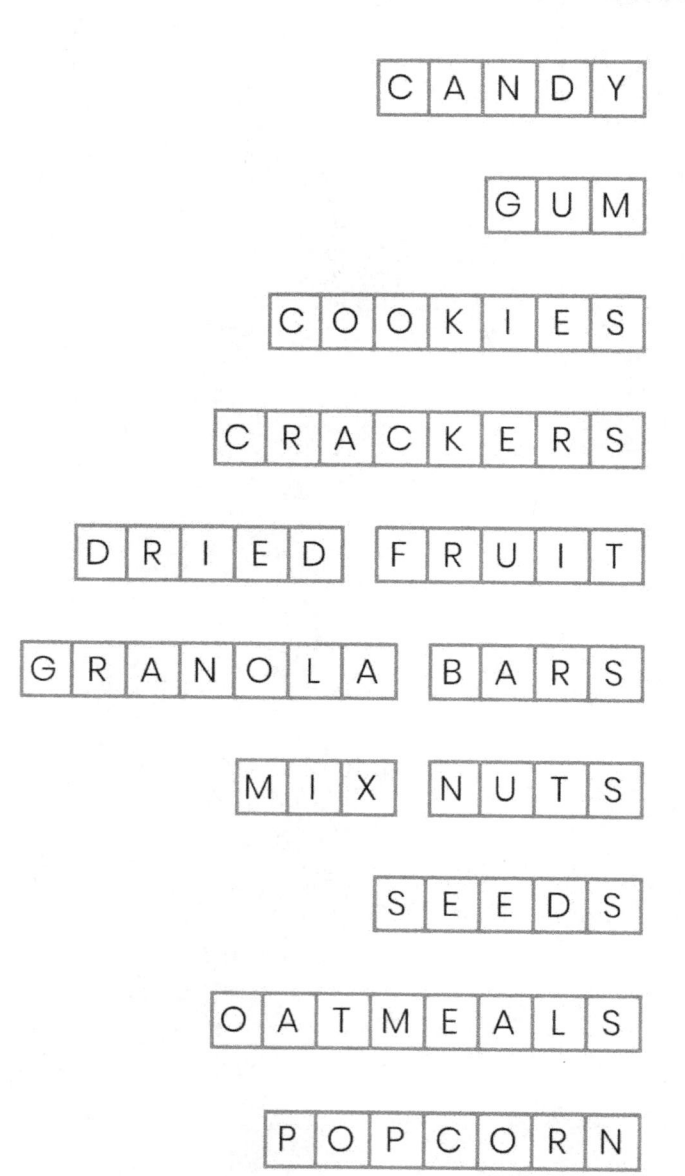

I Love Candy #1

Put In Missing Vowel

__R H__DS

_LM_ND J_Y

B_BY R_TH

B_TT_RF_NG_R

C_DB_RY _GGS

C_NDY B_TT_NS

D_TS

_Y_ P_PP_R

F_RR_R_ R_CH_R

F_N D_P

GH_R_RD_LL_

G__D _ND PL_NTY

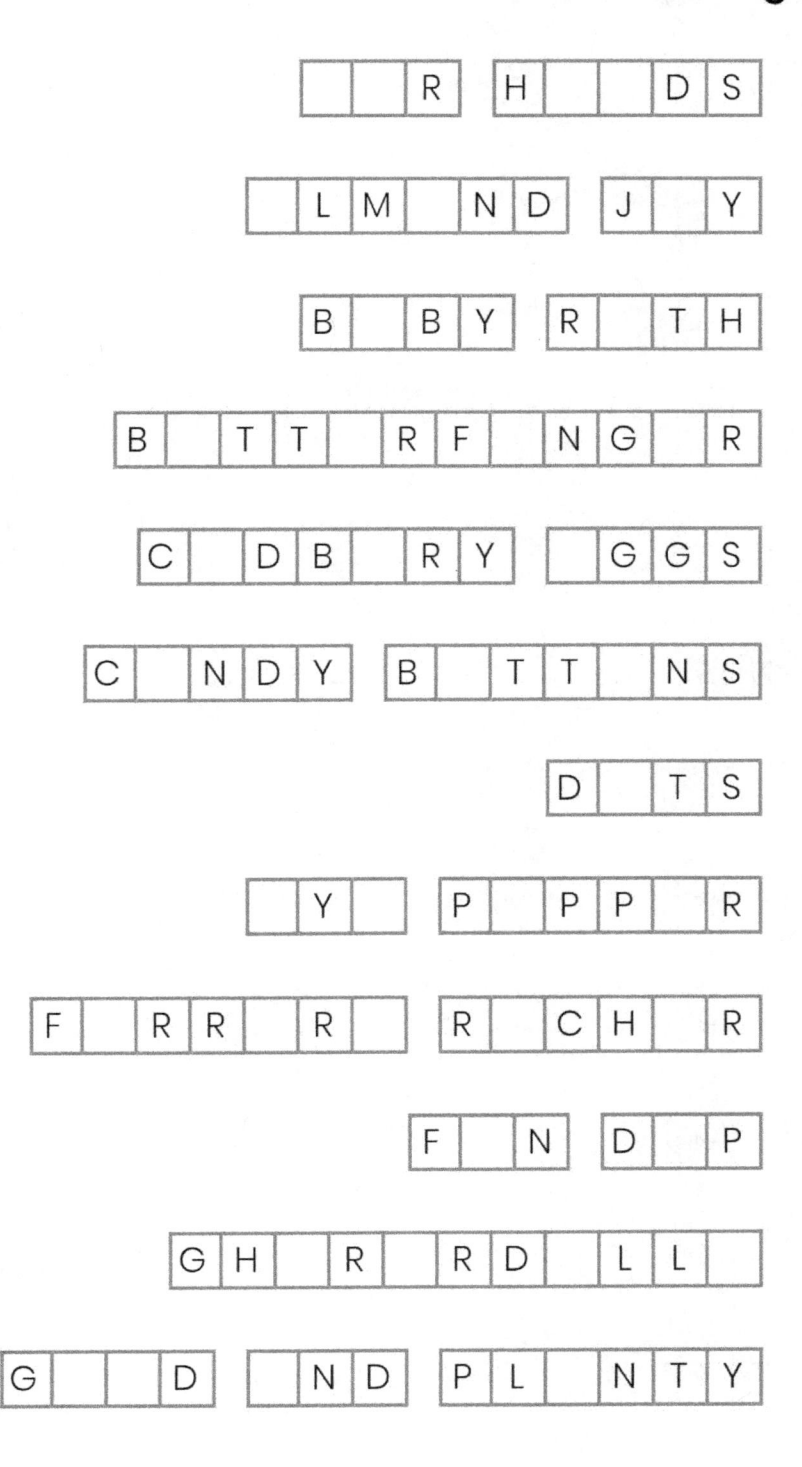

I Love Candy #1 - Solution

Put In Missing Vowel

AIR HEADS

ALMOND JOY

BABY RUTH

BUTTERFINGER

CADBURY EGGS

CANDY BUTTONS

DOTS

EYE POPPER

FERRERO ROCHER

FUN DIP

GHIRARDELLI

GOOD AND PLENTY

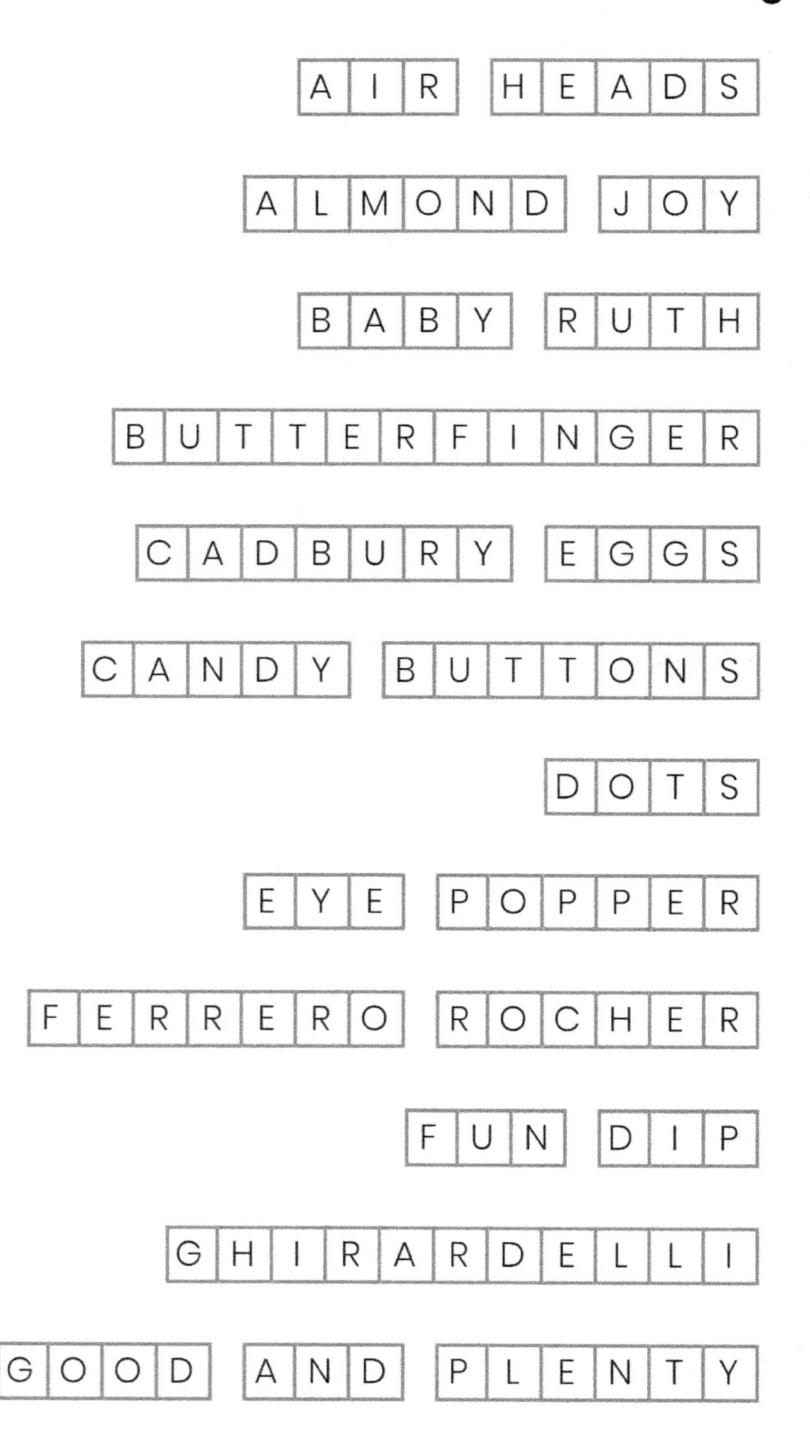

I Love Candy #2

Put In Missing Vowel

H _ _ T H   B _ R

H _ R S H _ Y S

_ C _   B R _ _ K _ R S

_ D _ H _   S P _ D

J _ L L Y   R _ N C H _ R

J _ N _ _ R   M _ N T S

K _ T   K _ T

K R _ C K _ L

L _ F F Y   T _ F F Y

L _ F _ S _ V _ R S

M & M ' S

M _ L K Y   W _ Y

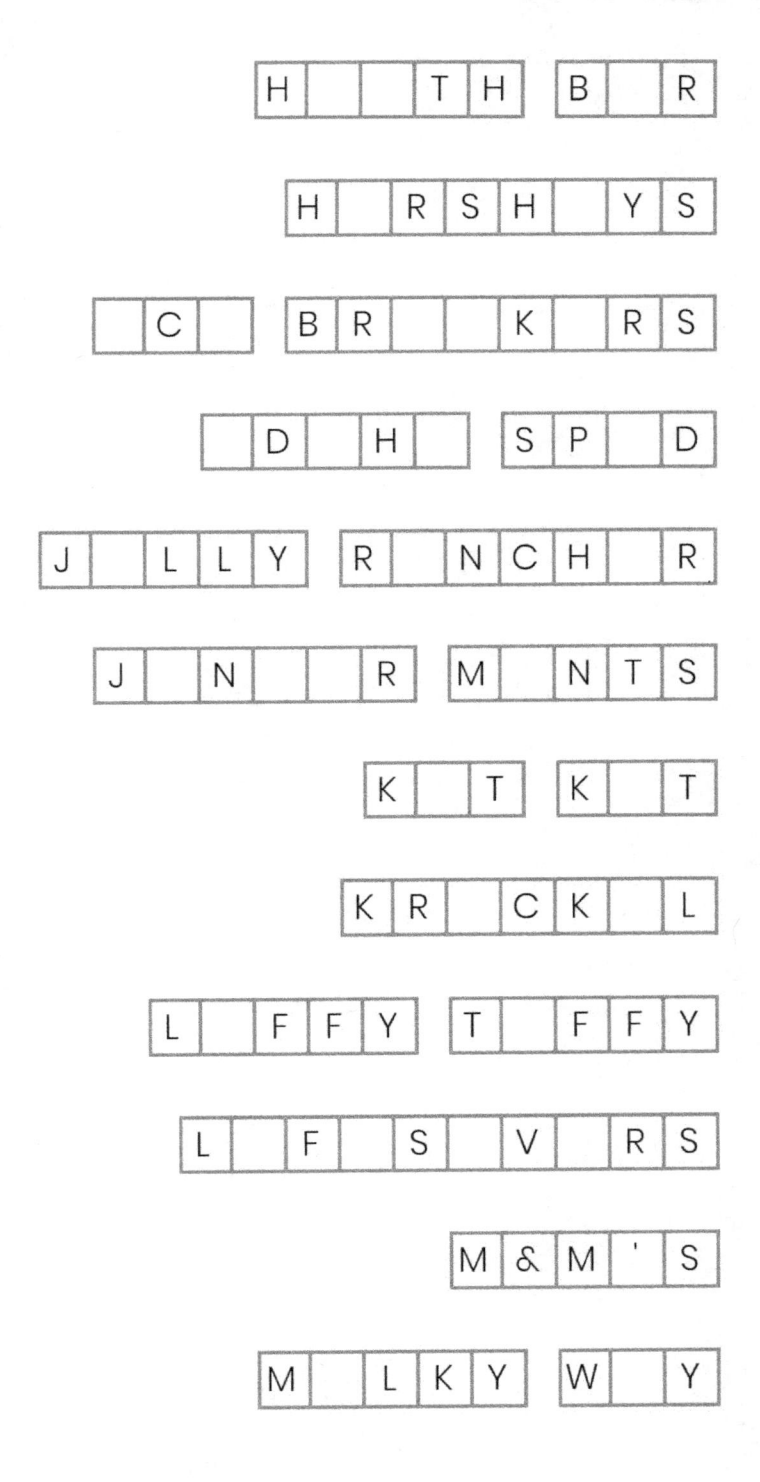

I Love Candy #2 - Solution

Put In Missing Vowel

H	E	A	T	H		B	A	R

HEATH BAR

HERSHEYS

ICE BREAKERS

IDAHO SPUD

JOLLY RANCHER

JUNIOR MINTS

KIT KAT

KRACKEL

LAFFY TAFFY

LIFESAVERS

M&M'S

MILKY WAY

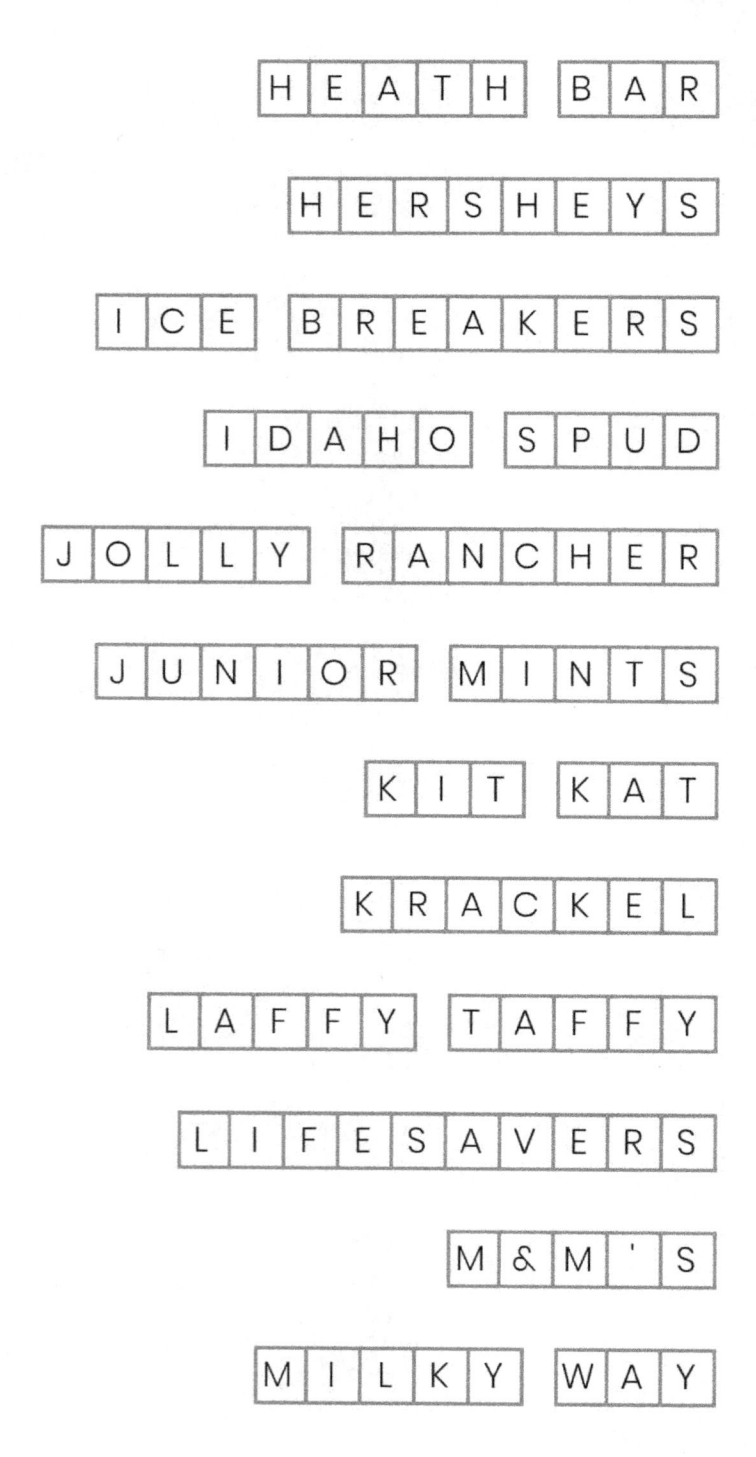

I Love Candy #3

Put In Missing Vowel

N		S	T	L			C	R		N	C	H
N		W			N	D		L		T		R
	H		H		N	R	Y					
	R		N	G			S	L		C		S
P		X	Y		S	T		X				
P		P		R		C	K	S				
Q			N	C	H		G		M			
Q			N	C			C		N	D	Y	
R		N	G		P		P					
R		L		S								
S	K		T	T	L		S					
S	N		C	K		R	S					

I Love Candy #3 - Solution

Put In Missing Vowel

NESTLE CRUNCH

NOW AND LATER

OH HENRY

ORANGE SLICES

PIXY STIX

POP ROCKS

QUENCH GUM

QUINCE CANDY

RING POP

ROLOS

SKITTLES

SNICKERS

I Love Candy #4

Put In Missing Vowel

T W _ X

T W _ Z Z L _ R S

_ L T R _   M _ N T S

V _ L _ M _ L K

V _ _ L _ T   C R _ M B L _

W _ R H _ _ D S

W H _ P P _ R S

X T R _   C _ R _   G _ M

X T R _ M _ S

Y _ R K _ _

Z _ _ R S

Z _ T Z

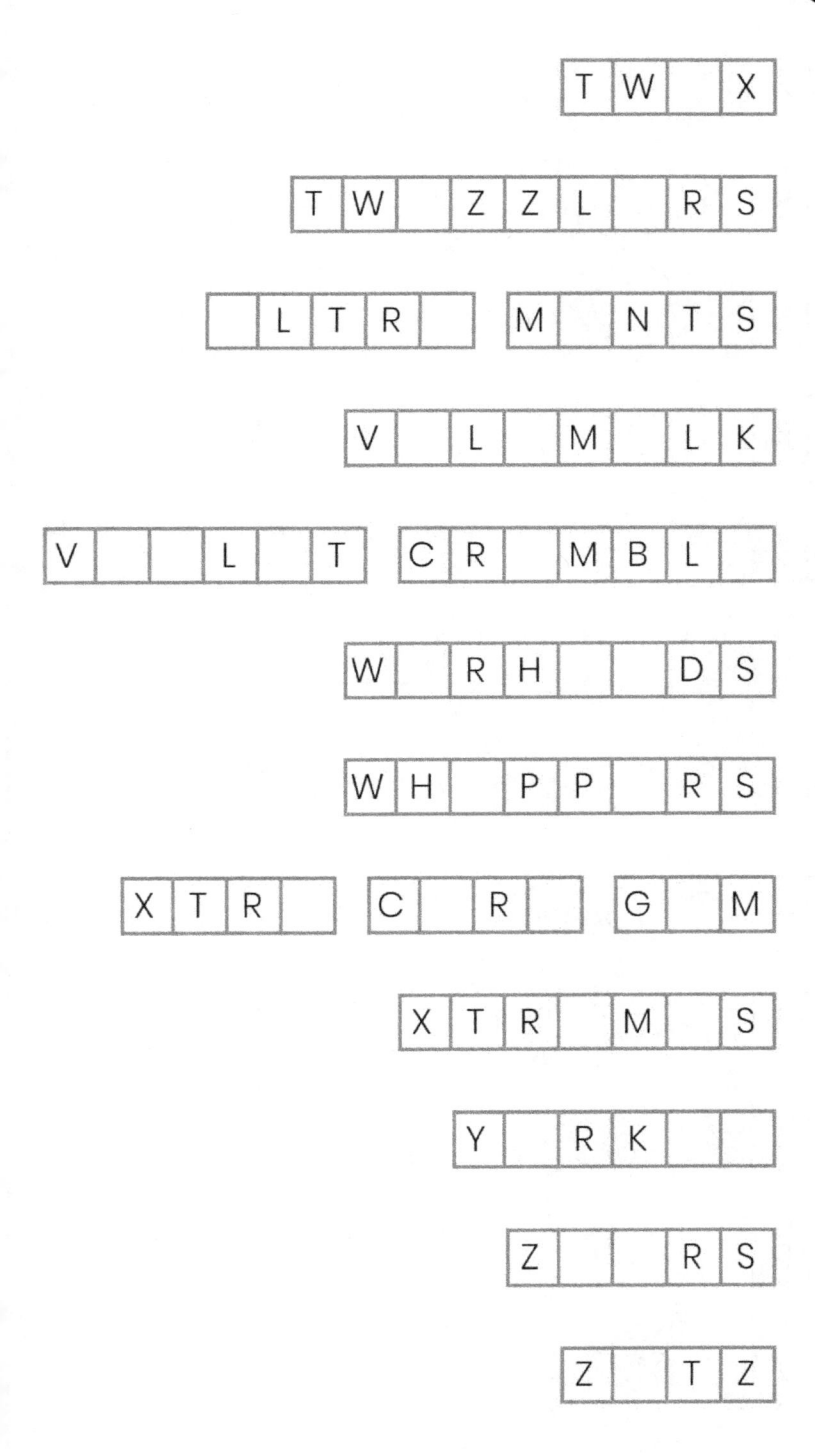

I Love Candy #4 - Solution

Put In Missing Vowel

TWIX

TWIZZLERS

ULTRA MINTS

VALOMILK

VIOLET CRUMBLE

WARHEADS

WHOPPERS

XTRA CARE GUM

XTREMES

YORKIE

ZOURS

ZOTZ

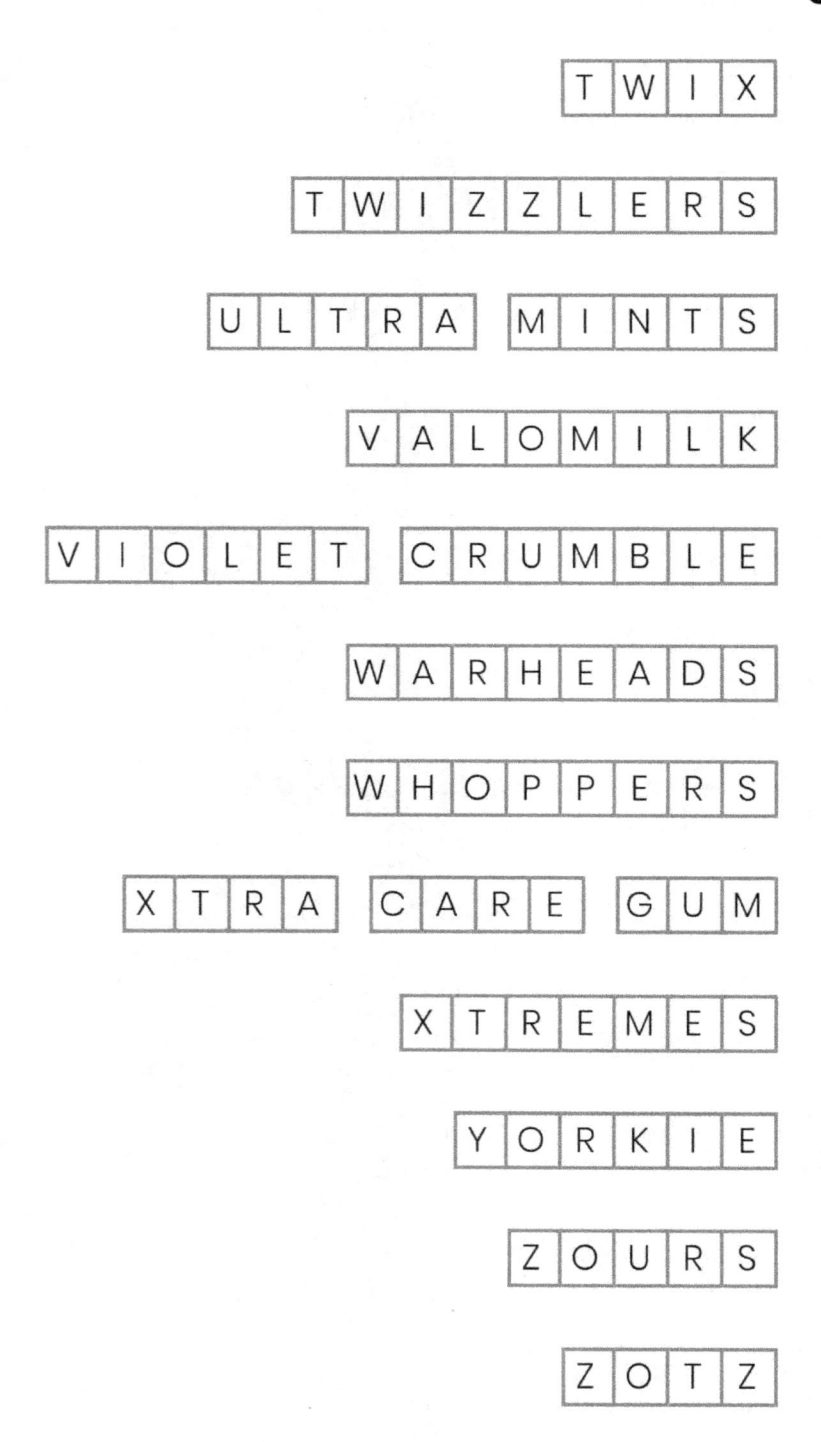

Chapter 2
ASSORTED WORDS
Puzzle #1

K	I	D	P	E	E	D	P
L	Y	T	R	I	D	O	B
M	O	H	S	R	U	O	C
F	M	O	O	Z	L	B	U
R	M	B	C	T	L	L	R
E	Y	Z	A	R	C	E	E
E	E	Y	D	R	S	N	D
Y	A	G	I	L	E	D	T

AGILE
BLEND
CRAZY
DEEP
DULL
FREE
KID
ZOOM
BARE
COOL
CURED
DIRTY
DYE
HOT
OURS

Puzzle #2

ASSORTED WORDS

D	Y	D	E	Z	A	L	G
E	E	T	L	M	D	T	F
E	T	R	R	O	R	Y	L
L	N	U	U	I	G	A	Y
E	I	I	C	C	D	P	W
A	E	R	F	E	W	P	W
R	A	E	D	N	O	L	B
N	E	N	J	O	Y	E	D

APPLE
BLOND
CURED
CUTE
DEAR
DIRTY
ENJOY
FINE
FLY
GLAZE
GOLD
LEARN
WARM

Puzzle #3

ASSORTED WORDS

G	O	O	D	N	B	X	T
H	T	P	E	D	A	B	B
E	R	U	P	S	R	L	P
P	E	T	I	M	E	E	C
B	A	R	D	N	O	F	D
D	W	N	F	L	A	E	R
C	G	L	A	Z	E	P	V
L	A	Z	Y	H	O	L	D

BAD
BARE
CLAN
DEPTH
DRAB
EMIT
FOND
FREE
GLAZE
GOOD
HOLD
LAZY
NAP
PURE
REAL
RED

Puzzle #4

ASSORTED WORDS

K	T	L	R	B	B	N	G
A	G	I	L	E	O	M	O
E	Y	B	M	U	X	L	L
D	V	T	A	E	F	O	D
Y	O	A	R	L	G	I	B
E	V	O	R	I	M	F	K
H	O	T	R	B	D	Y	K
B	L	U	E	B	N	E	W

AGILE
BIG
BOLD
BRAVE
DIRTY
EMIT
GOLD
NEW

BALMY
BLUE
BOXER
BROOD
DYE
FULL
HOT

Puzzle #5

ASSORTED WORDS

U	H	C	D	F	O	R	M
H	F	O	A	L	R	K	A
F	C	L	L	S	O	H	G
C	U	R	E	D	T	C	I
T	T	N	I	G	E	B	L
R	E	K	C	B	N	L	E
L	P	M	Y	R	R	A	C
T	O	H	C	O	L	O	R

AGILE
BEGIN
CARRY
COLD
CURED
FORM
HOT

ANGEL
BIRCH
CAST
COLOR
CUTE
HOLD
ICY

Puzzle #6

ASSORTED WORDS

W	M	R	I	F	H	B	P
F	O	R	M	B	O	L	D
L	L	I	H	C	L	E	C
C	E	B	E	S	D	N	L
O	A	S	Z	N	A	D	A
Z	W	R	O	B	U	R	N
Y	M	R	R	L	P	J	B
D	L	O	G	Y	C	T	T

BLEND
BRASH
CARRY
CLAN
COZY
FORM
HOLD
BOLD
BURN
CHILL
CLOSE
FIRM
GOLD
JUNE

Puzzle #7

ASSORTED WORDS

I	E	A	Y	Z	Z	U	F
G	N	V	E	B	N	M	P
V	L	W	A	P	I	A	R
F	H	E	O	R	A	R	P
O	O	T	M	L	B	R	C
N	F	G	P	A	C	W	G
D	I	A	G	E	C	L	G
K	I	N	D	Y	D	U	S

BRAVE
CLOWN
DEPTH
FOND
GRAPE
NAP
CAMEL
CRIB
FOGGY
FUZZY
KIND

Puzzle #8

ASSORTED WORDS

T	F	E	B	Y	S	A	E
E	A	F	G	L	B	J	C
B	B	R	U	I	A	X	U
T	A	L	B	B	E	Z	R
F	R	R	E	G	I	B	E
L	T	E	E	S	D	A	D
A	O	C	L	A	S	H	I
X	T	W	N	A	L	C	C

ALERT
BARE
BEIGE
BIG
BLAZE
BLESS
BRAT
BUFF
CLAN
CLASH
CURED
DAD
EASY
FLAX
TOT

Puzzle #9

ASSORTED WORDS

O	H	B	D	F	L	A	X
Y	B	C	G	O	A	L	I
B	L	D	R	I	O	S	U
O	O	D	E	I	B	R	T
X	N	H	A	R	B	C	B
E	D	K	P	B	O	X	M
R	B	D	L	I	U	B	R
Y	A	M	A	E	R	C	H

BAD
BIG
BIRCH
BLOND
BORED
BOXER
BROOD
BUILD
CREAM
FAST
FLAX
MAY

Puzzle #10

ASSORTED WORDS

K	G	R	E	E	N	C	C
D	D	N	A	E	L	C	O
L	E	T	F	O	S	C	U
C	P	R	N	R	K	O	P
R	T	U	O	I	A	M	E
I	H	Q	W	B	K	I	G
S	P	L	L	I	H	C	L
P	D	F	R	E	E	Y	Z

BORED
CLEAN
COUPE
DEPTH
FREE
ICY
SOFT

CHILL
COMIC
CRISP
FRAIL
GREEN
KIN

Puzzle #1

ASSORTED WORDS

N	E	S	B	D	E	T	S	U	D
S	O	C	H	U	B	B	Y	L	L
I	B	M	U	N	B	F	B	G	I
N	B	U	E	Q	L	B	A	U	G
F	L	D	D	L	W	D	L	S	H
U	E	T	E	L	H	T	A	Y	T
S	S	R	R	K	O	Z	N	F	E
E	S	H	O	T	A	C	C	N	N
D	L	K	E	D	W	B	E	Y	U
Y	R	R	E	M	A	T	C	H	T

ADORE
BAKED
BLESS
CHUBBY
DUSTED
INFUSED
LIGHTEN
MERRY
ATHLETE
BALANCE
BUBBLY
COLD
FAST
LEMON
MATCH
NUMB

Puzzle #2

ASSORTED WORDS

D	I	V	I	N	E	L	T	U	D
S	M	D	E	L	I	O	R	B	R
W	E	L	I	S	Y	V	G	Y	E
C	N	N	E	B	E	M	C	C	A
A	H	A	U	M	R	M	L	T	M
R	A	E	W	J	A	I	A	A	Y
C	H	E	R	U	B	C	G	I	B
X	A	B	U	I	L	D	V	H	S
R	E	W	O	P	S	Q	M	L	T
S	V	Q	D	A	S	H	I	N	G

BALMY
BROILED
CAMEL
CHERISH
DASHING
DREAMY
POWER
WAN
BRIGHT
BUILD
CAR
CHERUB
DIVINE
JUNE
SIAMESE

Puzzle #3

ASSORTED WORDS

E	A	S	D	G	E	N	T	L	E
N	M	Z	S	O	Y	K	O	T	M
J	W	O	R	E	T	W	Z	J	I
O	A	O	T	D	R	I	V	E	R
Y	R	P	L	T	H	P	N	R	A
C	M	S	P	C	L	S	X	G	C
B	L	A	Z	E	I	E	U	E	L
H	S	E	R	F	A	D	D	L	E
U	F	S	A	F	F	R	O	N	P
D	I	V	I	N	E	C	A	R	T

APPEAR
CLEAN
DIVINE
DRIVE
EXPRESS
GENTLE
MOTTLED
SAFFRON
TRACE
BLAZE
CLOWN
DOTING
ENJOY
FRESH
MIRACLE
PLUSH
TOKYO
WARM

Puzzle #4

ASSORTED WORDS

D	S	K	O	O	L	E	L	I	M
Y	K	C	O	L	F	L	A	Y	S
D	R	M	A	O	X	H	U	V	F
N	E	A	E	E	N	A	Z	F	L
O	H	D	E	Z	X	I	L	B	A
B	Y	X	A	R	A	U	H	F	S
L	P	L	U	E	D	L	L	C	H
E	E	I	O	Z	R	O	B	E	Y
T	R	P	L	U	M	B	E	A	D
B	L	U	S	H	E	T	T	A	M

ABLAZE
BORZOI
CHINOOK
DREARY
FLAX
FULL
LOOKS
MILE
PLUM
BLUSH
BREADED
DELUXE
FLASHY
FLOCK
HYPER
MATTE
NOBLE

Puzzle #5

ASSORTED WORDS

X	D	O	D	E	P	A	R	G	E
S	J	E	C	E	R	V	Z	A	X
T	S	M	T	I	E	A	L	M	P
D	S	J	O	O	L	P	H	U	R
N	I	U	Y	O	V	A	C	S	E
M	R	A	G	M	L	E	C	I	S
U	D	U	M	U	A	B	D	N	S
D	T	I	B	O	A	E	C	G	P
D	Y	X	K	U	N	M	R	L	A
Y	D	O	O	M	A	D	W	C	A

AMUSING
AUGUST
CALICO
DEEP
DIAMOND
GRAPE
MOODY
SHARE

AUBURN
BLOOM
CREAMY
DEVOTED
EXPRESS
KID
MUDDY

Puzzle #6

ASSORTED WORDS

A	S	D	C	E	F	U	N	N	Y
N	S	H	E	I	Y	Z	A	R	C
C	A	W	I	R	L	D	X	R	O
A	D	I	E	N	E	E	A	F	P
T	D	E	R	N	E	V	G	T	S
L	E	E	N	E	I	K	O	N	X
I	P	S	C	W	B	B	R	C	A
K	C	O	R	I	O	I	M	A	J
E	B	C	V	U	D	R	S	O	D
D	E	V	E	L	O	P	B	O	C

ANGELIC
CATLIKE
COVERED
DARKEN
DICED
FUNNY
ROCK
SIBERIAN
BROWNED
COMBINE
CRAZY
DEVELOP
DYE
OURS
SHINE

Puzzle #7

ASSORTED WORDS

R	R	E	N	D	L	E	S	S	M
T	E	P	P	I	H	W	J	G	S
M	G	C	D	E	Z	A	L	G	K
N	A	Y	M	N	R	F	I	R	I
V	I	T	L	Y	B	R	B	U	N
J	D	C	U	F	G	A	R	M	D
Y	K	L	E	R	G	G	O	P	R
C	R	U	I	S	E	I	O	Y	E
B	M	G	I	U	T	L	D	F	D
N	O	L	E	M	B	E	B	I	K

BROOD
CRUISE
FLY
FRAGILE
GRUMPY
MATURE
NICEST
BUILD
ENDLESS
FOGGY
GLAZED
KINDRED
MELON
WHIPPET

Puzzle #8

ASSORTED WORDS

V	E	S	O	L	C	J	S	P	S
E	P	A	R	G	H	O	C	R	L
M	A	E	L	G	U	Y	A	I	E
J	G	M	V	M	B	O	R	Z	E
L	I	S	A	R	B	U	L	E	P
J	N	O	S	Z	Y	S	E	D	Y
H	D	N	F	B	I	T	T	E	R
D	R	I	V	E	D	N	O	F	M
S	A	L	L	A	D	H	G	D	E
L	B	V	O	Y	P	S	I	R	C

AMAZING
BRASIL
CLOSE
DALLAS
DRIVE
GLEAM
JOYOUS
SCARLET
SON

BITTER
CHUBBY
CRISPY
DRAB
FOND
GRAPE
PRIZED
SLEEPY

Puzzle #9

TADASANA

A	N	A	S	A	R	J	A	V	X
G	N	I	N	Z	H	B	C	F	G
A	N	A	S	A	S	K	R	V	D
A	N	A	S	A	S	R	I	S	F
X	N	A	Y	A	B	A	L	R	K
R	Q	R	S	U	L	F	K	X	Y
M	B	A	L	A	S	A	N	A	U
X	E	D	B	P	V	P	H	B	B
Y	S	A	V	A	S	A	N	A	Z
U	S	T	R	A	S	A	N	A	G

BAKASANA
HALASANA
SAVASANA
USTRASANA
VRKSASANA
BALASANA
NAVASANA
SIRSASANA
VAJRASANA

Puzzle #10

ASSORTED WORDS

S	Q	N	U	Y	D	M	A	Y	E
L	A	Q	A	L	R	N	L	A	N
K	X	S	Q	L	L	R	O	U	D
X	C	E	S	X	C	I	A	F	L
T	O	U	L	Y	W	E	H	C	E
T	S	C	R	P	T	A	Y	C	S
A	N	E	I	R	M	N	N	Y	S
U	T	U	D	L	A	O	A	F	X
S	P	I	L	L	A	N	C	I	P
G	S	U	B	B	E	C	T	R	G

BLUNT
CARRY
CHILL
COMPLEX
ELDEST
FOND
MAY
SPILL

CALICO
CHEWY
CLAN
CURRANT
ENDLESS
GIANT
SASSY

Puzzle #1

6x6 Sudoku

5	4	6	3	1	2
		2	5	4	
2			4		
		1	2	6	3
1	2	4	6		
6		5			4

Puzzle #2

6x6 Sudoku

3	2			5	1
					3
6		1			
	3	5	1		
	1	2	3		
	6		2	1	

Puzzle #3

6x6 Sudoku

			3	6	2
				1	5
	2	5	6	3	1
3			5	2	4
6	4	2		5	3
5			2		

Puzzle #4

6x6 Sudoku

	2			1	4
					3
		3			2
5	4	2		3	
1			4	2	
2	5		3		1

Puzzle #5

6x6 Sudoku

3				2	
5	2	6	1	4	3
2		1		3	6
	3	5	4	1	
		2			
		3			4

Puzzle #6

6x6 Sudoku

		4	2	5	
		2	4	3	
1	2	3			
			1		
			6	4	
4		6	3	1	2

Puzzle #7

6x6 Sudoku

		5			4
			1	6	
2	3		5	1	6
6					3
		6	4		2
5	4		6	3	

Puzzle #8

6x6 Sudoku

				6	
3	2	6	4		
5				2	
2					4
6	1		5		2
4		2	1		6

Puzzle #9

6x6 Sudoku

4	1			2	5
	5	2			
2			1		4
			5		2
6	4	1		5	3
5	2	3		1	

Puzzle #10

6x6 Sudoku

5	2	6	4		
	4		6	2	5
			3	6	2
	6	3	1	5	
	3	5		1	
	1	2	5		3

Puzzle #1

9x9 Sudoku

3		4	1	6			9	
8	9	2		4	3			
7		1	9	8		4	5	
					8	2	7	
5			7					8
			3	2	5			4
6			2		9			
	4				1	7	2	
	1		4	3		5		

Puzzle #2

9x9 Sudoku

				8		6		
	7			3	6		4	
8	9			7		1		2
9			6			7	2	1
7	3	2				4	6	
1		4	7					
2	5	7	3		1			
6			9			3	5	
	4				7	2		

Puzzle #3

9x9 Sudoku

3		7			2		5	4
	8						7	
1	4		7				9	
	1	8			6		4	3
4	2			1		9	6	8
					5			2
		9		2			8	7
	7		6				3	
		4			1	6		9

Puzzle #4
9x9 Sudoku

2	8	5	7	6	3	4	9	1
1	6	9						3
7	4	3		1		6		8
6		7	9	4		3		5
4					2		6	
3							4	
9		2	4	3				
8	7	6	1					4
5		4	8	2		7		

Puzzle #5

9x9 Sudoku

	3	8			6	1	5	2
2	9			1				8
6	1	7	2		8		9	
	4		1	6				
	8	6			7	2		9
	7				2	4		
9								
8			9		3	7	2	
	5		8	2			6	

Puzzle #6

9x9 Sudoku

	1			5			9	6
	7	3	6	8			5	
	6			7	2		8	
	9	1					4	
7					9	8		
6		2	7				3	5
1		9	3	2	5		7	
				9		5		4
		7		4	6		1	

Puzzle #7

9x9 Sudoku

	1			8		2	3	9
				1	5			4
	2	6		4		5	1	
4						8	9	
	6	7						
9		5	4		3			6
					8		7	
6		8			4	9	5	3
			9	6	7			2

Puzzle #8

9x9 Sudoku

	4		8	7		1	2	9
		8	9		2	5		
7		2	1	5				8
8	7				9	4		
6	5	4			8			1
				1		7	8	5
3	8			9	7			
	1							
4		6		8	1	9	5	7

Puzzle #9

9x9 Sudoku

9	4	2		8				
8		5		2			4	3
	6	1		9				7
					9		7	
	2		8		1		5	9
	3		6		2		1	
	9			6		1		
2		4				7		
1		6			3		9	5

Puzzle #10

9x9 Sudoku

		4			9			
	1	5	3		8		9	6
		8	7	5		1		3
4		9						
	2	3	1		7			4
1				9				8
	5	1	8		4		7	9
9			6		5		2	1
	6						3	

ASSORTED WORDS
Puzzle # 1

K	I	D	P	E	E	D	
L	Y	T	R	I	D		
	O	H	S	R	U	O	C
F	M	O	O	Z	L	B	U
R		B	C	T	L	L	R
E	Y	Z	A	R	C	E	E
E	E	Y	D	R		N	D
	A	G	I	L	E	D	

ASSORTED WORDS
Puzzle # 2

D	Y	D	E	Z	A	L	G
E	E	T	L	M			F
E	T	R	R	O	R		L
L	N	U	U	I	G	A	Y
E		I	C	C	D	P	W
A			F			P	
R	A	E	D	N	O	L	B
N	E	N	J	O	Y	E	

ASSORTED WORDS
Puzzle # 3

G	O	O	D	N	B		
H	T	P	E	D	A	B	
E	R	U	P		R	L	
P	E	T	I	M	E	E	C
B	A	R	D	N	O	F	D
		N	F	L	A	E	R
	G	L	A	Z	E		
L	A	Z	Y	H	O	L	D

ASSORTED WORDS
Puzzle # 4

	T	L	R	B			G
A	G	I	L	E	O		O
E	Y	B	M	U	X	L	L
D	V	T	A	E	F	O	D
Y	O	A	R	L	G	I	B
E		O	R	I	M		
H	O	T	R	B	D	Y	
B	L	U	E	B	N	E	W

ASSORTED WORDS
Puzzle # 5

	H	C	D	F	O	R	M
H		O	A	L			A
	C	L	L	S	O		G
C	U	R	E	D	T	C	I
	T	N	I	G	E	B	L
	E		C	B	N		E
			Y	R	R	A	C
T	O	H	C	O	L	O	R

ASSORTED WORDS
Puzzle # 6

	M	R	I	F	H	B	
F	O	R	M	B	O	L	D
L	L	I	H	C	L	E	C
C	E		E	S	D	N	L
O	A	S		N	A	D	A
Z		R	O	B	U	R	N
Y			R	L		J	B
D	L	O	G	Y	C		

ASSORTED WORDS
Puzzle # 7

	E		Y	Z	Z	U	F
	N	V	E	B	N		
	L	W	A	P	I	A	
F	H	E	O	R	A	R	P
O	O	T	M	L	B	R	C
N		G	P	A	C		G
D			G	E	C		
K	I	N	D	Y	D		

ASSORTED WORDS
Puzzle # 8

T	F	E	B	Y	S	A	E
	A	F	G	L			C
B	B	R	U	I	A		U
T	A	L	B	B	E	Z	R
F	R	R	E	G	I	B	E
L	T	E	E	S	D	A	D
A	O	C	L	A	S	H	
X	T		N	A	L	C	

ASSORTED WORDS
Puzzle # 9

	H		D	F	L	A	X
	B	C	G	O	A		
B	L	D	R	I	O	S	
O	O	D	E	I	B	R	T
X	N		A	R	B		B
E	D			B	O		
R		D	L	I	U	B	
Y	A	M	A	E	R	C	

ASSORTED WORDS
Puzzle # 10

	G	R	E	E	N		C
D	D	N	A	E	L	C	O
	E	T	F	O	S	C	U
C	P	R	N	R		O	P
R	T		O	I	A	M	E
I	H			B	K	I	
S		L	L	I	H	C	L
P		F	R	E	E	Y	

ASSORTED WORDS
Puzzle # 1

N			B	D	E	T	S	U	D
	O	C	H	U	B	B	Y		L
I	B	M	U	N	B	F	B		I
N	B		E			B	A		G
F	L	D	D	L			L	S	H
U	E	T	E	L	H	T	A	Y	T
S	S	R		K	O		N		E
E	S		O		A	C	C		N
D				D		B	E		
Y	R	R	E	M	A	T	C	H	

ASSORTED WORDS
Puzzle # 2

D	I	V	I	N	E				D
		D	E	L	I	O	R	B	R
	E	L		S	Y				E
C	N	N	E	B	E	M			A
A	H	A	U	M	R	M	L		M
R		E	W	J	A	I	A	A	Y
C	H	E	R	U	B	C	G	I	B
		B	U	I	L	D		H	S
R	E	W	O	P	S				T
			D	A	S	H	I	N	G

ASSORTED WORDS
Puzzle # 3

E		S	D	G	E	N	T	L	E
N	M		S	O	Y	K	O	T	M
J	W	O		E	T				I
O	A	O	T	D	R	I	V	E	R
Y	R	P	L	T	H	P	N		A
C	M		P	C	L	S	X	G	C
B	L	A	Z	E		E	U	E	L
H	S	E	R	F	A		D	L	E
		S	A	F	F	R	O	N	P
D	I	V	I	N	E	C	A	R	T

ASSORTED WORDS
Puzzle # 4

	S	K	O	O	L	E	L	I	M
Y	K	C	O	L	F	L			
D	R			O	X		U		F
N	E	A	E	E	N	A		F	L
O	H	D	E	Z	X	I	L		A
B	Y		A	R	A	U	H	F	S
L	P			E	D	L	L	C	H
E	E	I	O	Z	R	O	B	E	Y
	R	P	L	U	M	B		A	D
B	L	U	S	H	E	T	T	A	M

ASSORTED WORDS
Puzzle # 5

	D	O	D	E	P	A	R	G	E
		E	C	E	R			A	X
T		M	T	I	E	A		M	P
D	S		O	O	L	P	H	U	R
N	I	U	Y	O	V	A		S	E
M	R	A	G	M	L	E	C	I	S
U	D	U	M	U	A	B	D	N	S
D		I	B	O	A	E		G	
D			K	U	N		R		
Y	D	O	O	M	A	D		C	

ASSORTED WORDS
Puzzle # 6

	S	D	C	E	F	U	N	N	Y
N		H	E	I	Y	Z	A	R	C
C	A		I	R	L	D			
A	D	I	E	N	E	E			
T	D	E	R	N	E	V	G		
L		E	N	E	I	K	O	N	
I		S	C	W	B	B	R	C	A
K	C	O	R	I	O	I	M	A	
E				U	D	R	S	O	D
D	E	V	E	L	O	P	B		C

ASSORTED WORDS
Puzzle # 7

		E	N	D	L	E	S	S	
T	E	P	P	I	H	W			
M			D	E	Z	A	L	G	K
N	A	Y				F		R	I
	I	T	L	Y		R	B	U	N
	D	C	U	F	G	A	R	M	D
		L	E	R		G	O	P	R
C	R	U	I	S	E	I	O	Y	E
				U	T	L	D	F	D
N	O	L	E	M	B	E			

ASSORTED WORDS
Puzzle # 8

	E	S	O	L	C	J	S	P	S
E	P	A	R	G	H	O	C	R	L
M	A	E	L	G	U	Y	A	I	E
		M			B	O	R	Z	E
L	I	S	A	R	B	U	L	E	P
	N	O	S	Z	Y	S	E	D	Y
	D			B	I	T	T	E	R
D	R	I	V	E	D	N	O	F	
S	A	L	L	A	D		G		
	B			Y	P	S	I	R	C

TADASANA
Puzzle # 9

A	N	A	S	A	R	J	A	V	
	N		N						
A	N	A	S	A	S	K	R	V	
A	N	A	S	A	S	R	I	S	
		A		A		A			
			S		L		K		
	B	A	L	A	S	A	N	A	
					V		H		B
	S	A	V	A	S	A	N	A	
U	S	T	R	A	S	A	N	A	

ASSORTED WORDS
Puzzle # 10

S		N		Y	D	M	A	Y	E
	A		A	L	R	N			N
	X	S		L	L	R	O		D
	C	E	S		C	I	A	F	L
T	O	U	L	Y	W	E	H	C	E
T	S	C	R	P	T			C	S
	N	E	I	R	M	N			S
		U	D	L	A	O	A		
S	P	I	L	L	A	N	C	I	
				B	E	C	T		G

Puzzle #1

5	4	6	3	1	2
3	1	2	5	4	6
2	6	3	4	5	1
4	5	1	2	6	3
1	2	4	6	3	5
6	3	5	1	2	4

Puzzle #2

3	2	6	4	5	1
1	5	4	6	2	3
6	4	1	5	3	2
2	3	5	1	4	6
4	1	2	3	6	5
5	6	3	2	1	4

Puzzle #3

1	5	4	3	6	2
2	3	6	4	1	5
4	2	5	6	3	1
3	6	1	5	2	4
6	4	2	1	5	3
5	1	3	2	4	6

Puzzle #4

3	2	5	6	1	4
4	6	1	2	5	3
6	1	3	5	4	2
5	4	2	1	3	6
1	3	6	4	2	5
2	5	4	3	6	1

Puzzle #5

3	1	4	6	2	5
5	2	6	1	4	3
2	4	1	5	3	6
6	3	5	4	1	2
4	5	2	3	6	1
1	6	3	2	5	4

Puzzle #6

3	6	4	2	5	1
5	1	2	4	3	6
1	2	3	5	6	4
6	4	5	1	2	3
2	3	1	6	4	5
4	5	6	3	1	2

Puzzle #7

1	6	5	3	2	4
4	2	3	1	6	5
2	3	4	5	1	6
6	5	1	2	4	3
3	1	6	4	5	2
5	4	2	6	3	1

Puzzle #8

1	4	5	2	6	3
3	2	6	4	1	5
5	6	4	3	2	1
2	3	1	6	5	4
6	1	3	5	4	2
4	5	2	1	3	6

Puzzle #9

4	1	6	3	2	5
3	5	2	6	4	1
2	3	5	1	6	4
1	6	4	5	3	2
6	4	1	2	5	3
5	2	3	4	1	6

Puzzle #10

5	2	6	4	3	1
3	4	1	6	2	5
1	5	4	3	6	2
2	6	3	1	5	4
4	3	5	2	1	6
6	1	2	5	4	3

Puzzle #1

3	5	4	1	6	7	8	9	2
8	9	2	5	4	3	6	1	7
7	6	1	9	8	2	4	5	3
4	3	9	6	1	8	2	7	5
5	2	6	7	9	4	1	3	8
1	7	8	3	2	5	9	6	4
6	8	5	2	7	9	3	4	1
9	4	3	8	5	1	7	2	6
2	1	7	4	3	6	5	8	9

Puzzle #2

4	2	3	1	8	9	6	7	5
5	7	1	2	3	6	9	4	8
8	9	6	4	7	5	1	3	2
9	8	5	6	4	3	7	2	1
7	3	2	5	1	8	4	6	9
1	6	4	7	9	2	5	8	3
2	5	7	3	6	1	8	9	4
6	1	8	9	2	4	3	5	7
3	4	9	8	5	7	2	1	6

Puzzle #3

3	9	7	1	6	2	8	5	4
5	8	6	9	3	4	2	7	1
1	4	2	7	5	8	3	9	6
7	1	8	2	9	6	5	4	3
4	2	5	3	1	7	9	6	8
9	6	3	8	4	5	7	1	2
6	5	9	4	2	3	1	8	7
2	7	1	6	8	9	4	3	5
8	3	4	5	7	1	6	2	9

Puzzle #4

2	8	5	7	6	3	4	9	1
1	6	9	2	8	4	5	7	3
7	4	3	5	1	9	6	2	8
6	2	7	9	4	1	3	8	5
4	9	8	3	5	2	1	6	7
3	5	1	6	7	8	9	4	2
9	1	2	4	3	7	8	5	6
8	7	6	1	9	5	2	3	4
5	3	4	8	2	6	7	1	9

Puzzle #5

4	3	8	7	9	6	1	5	2
2	9	5	3	1	4	6	7	8
6	1	7	2	5	8	3	9	4
3	4	2	1	6	9	5	8	7
5	8	6	4	3	7	2	1	9
1	7	9	5	8	2	4	3	6
9	2	3	6	7	5	8	4	1
8	6	1	9	4	3	7	2	5
7	5	4	8	2	1	9	6	3

Puzzle #6

2	1	8	4	5	3	7	9	6
9	7	3	6	8	1	4	5	2
4	6	5	9	7	2	1	8	3
3	9	1	5	6	8	2	4	7
7	5	4	2	3	9	8	6	1
6	8	2	7	1	4	9	3	5
1	4	9	3	2	5	6	7	8
8	3	6	1	9	7	5	2	4
5	2	7	8	4	6	3	1	9

Puzzle #7

5	1	4	7	8	6	2	3	9
8	9	3	2	1	5	7	6	4
7	2	6	3	4	9	5	1	8
4	3	2	6	5	1	8	9	7
1	6	7	8	9	2	3	4	5
9	8	5	4	7	3	1	2	6
2	4	9	5	3	8	6	7	1
6	7	8	1	2	4	9	5	3
3	5	1	9	6	7	4	8	2

Puzzle #8

5	4	3	8	7	6	1	2	9
1	6	8	9	4	2	5	7	3
7	9	2	1	5	3	6	4	8
8	7	1	5	3	9	4	6	2
6	5	4	7	2	8	3	9	1
2	3	9	6	1	4	7	8	5
3	8	5	4	9	7	2	1	6
9	1	7	2	6	5	8	3	4
4	2	6	3	8	1	9	5	7

Puzzle #9

9	4	2	3	8	7	5	6	1
8	7	5	1	2	6	9	4	3
3	6	1	5	9	4	8	2	7
6	1	8	4	5	9	3	7	2
4	2	7	8	3	1	6	5	9
5	3	9	6	7	2	4	1	8
7	9	3	2	6	5	1	8	4
2	5	4	9	1	8	7	3	6
1	8	6	7	4	3	2	9	5

Puzzle #10

6	3	4	2	1	9	5	8	7
7	1	5	3	4	8	2	9	6
2	9	8	7	5	6	1	4	3
4	8	9	5	6	3	7	1	2
5	2	3	1	8	7	9	6	4
1	7	6	4	9	2	3	5	8
3	5	1	8	2	4	6	7	9
9	4	7	6	3	5	8	2	1
8	6	2	9	7	1	4	3	5

Chapter 3

Maze #1

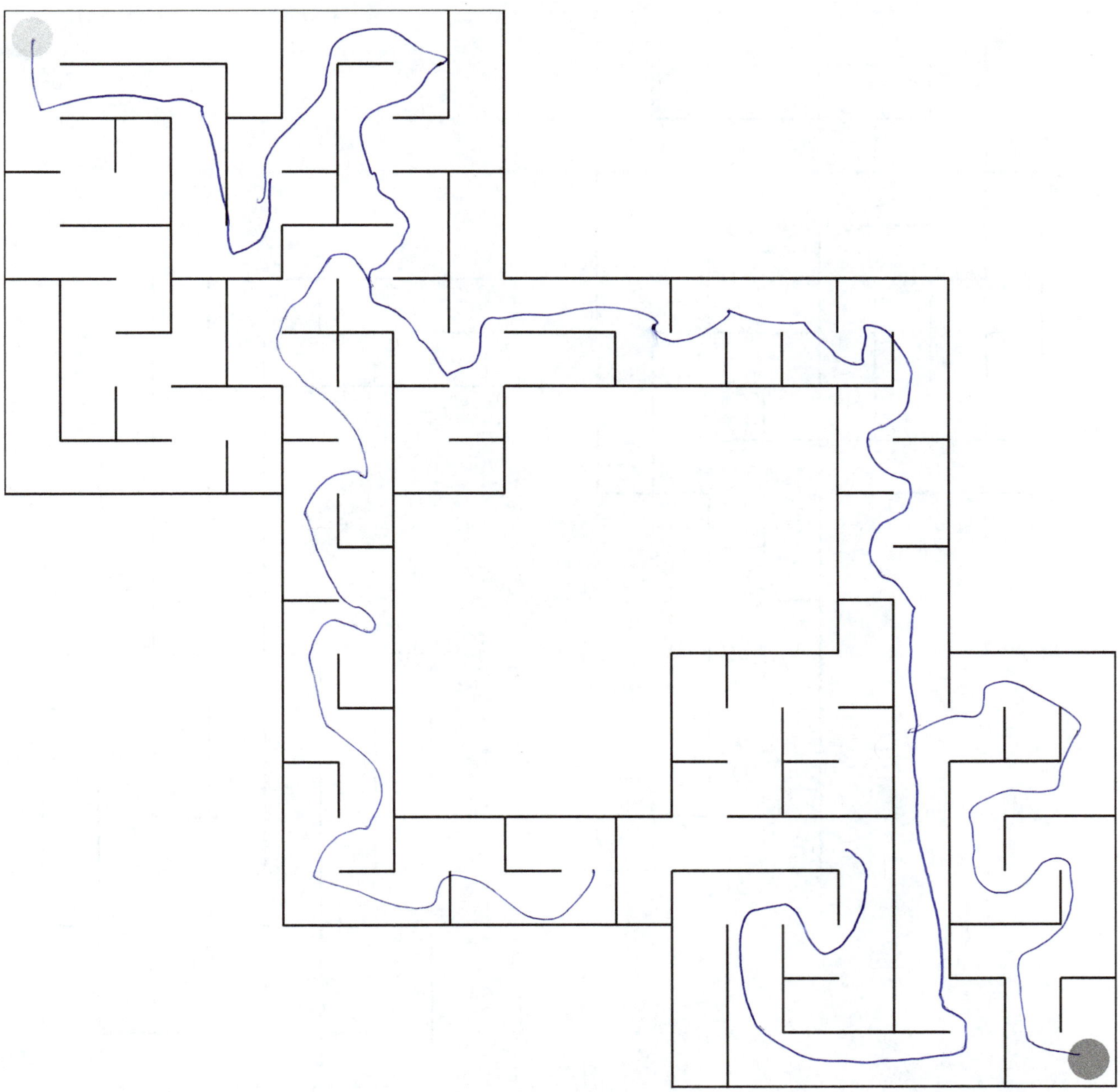

Maze #2

Maze #3

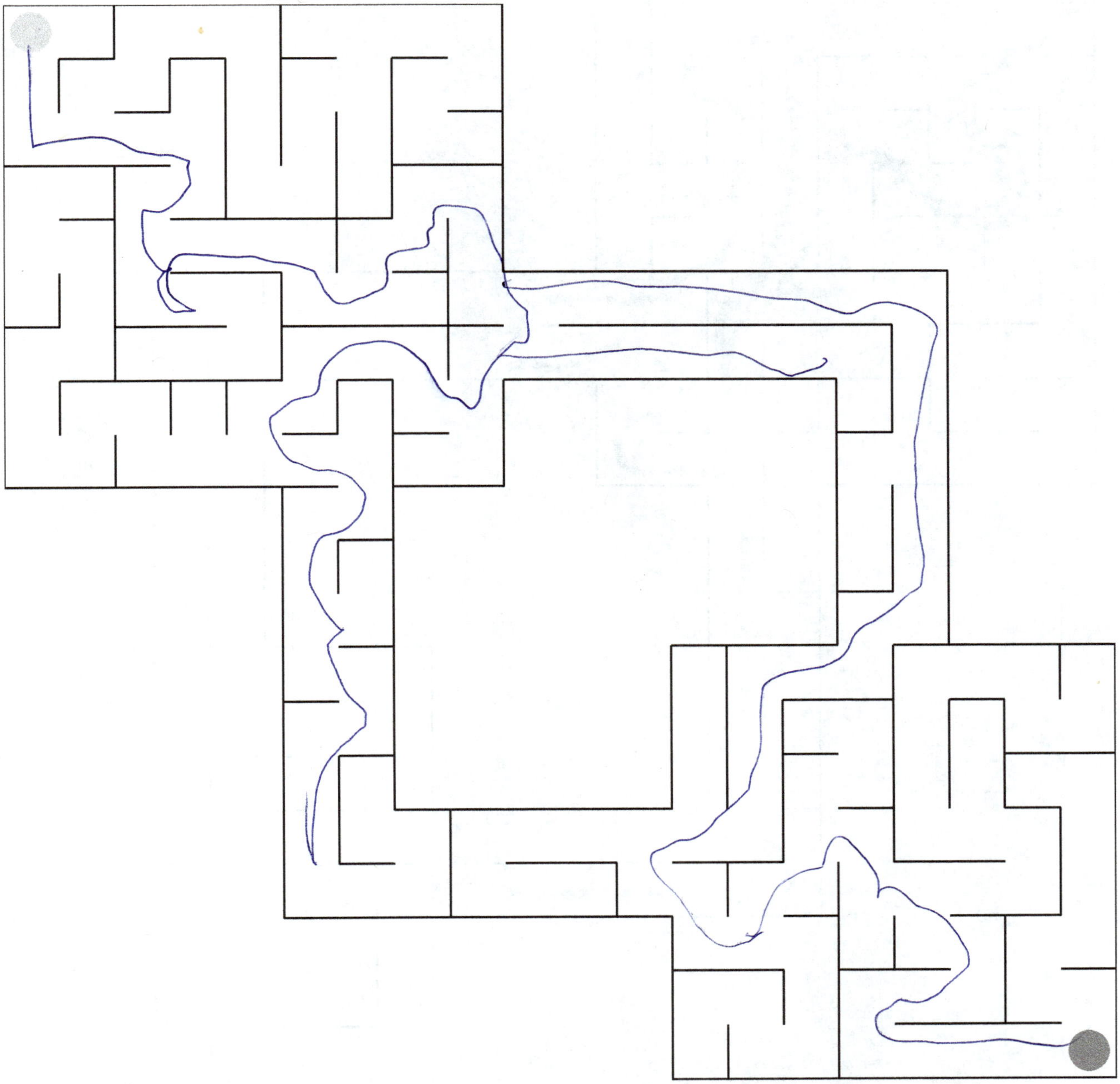

Maze #4

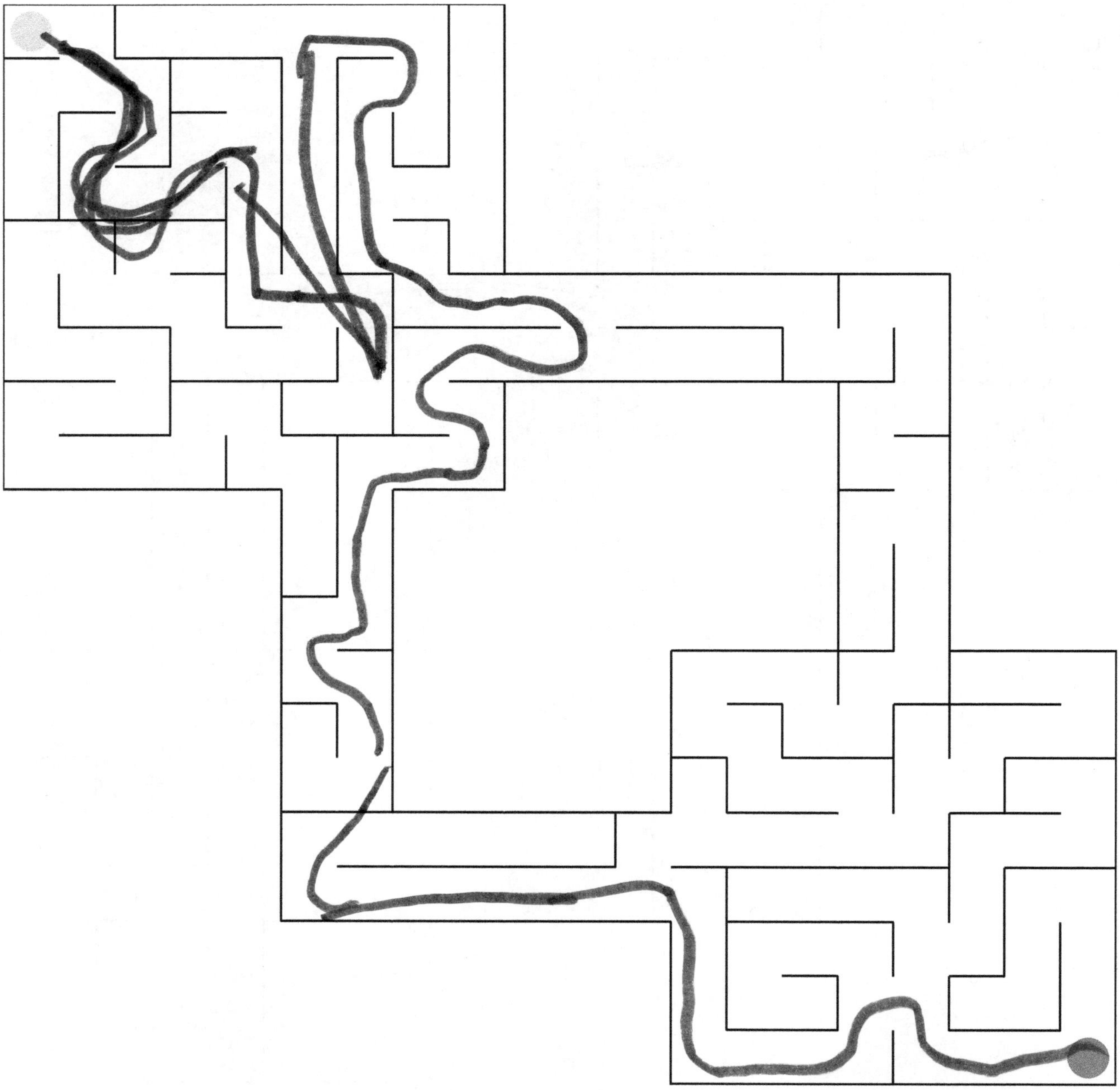

Maze #5

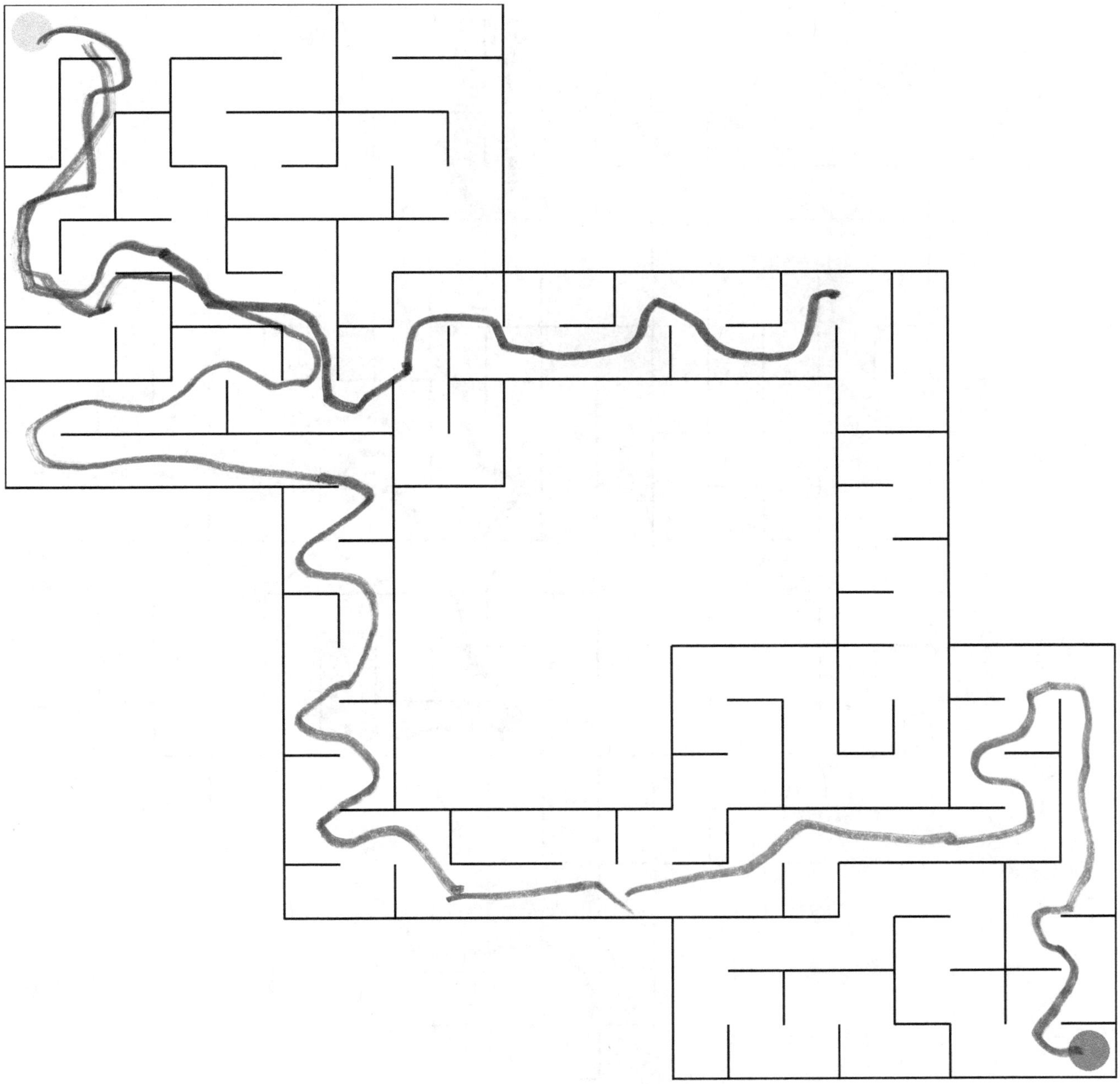

Maze #1

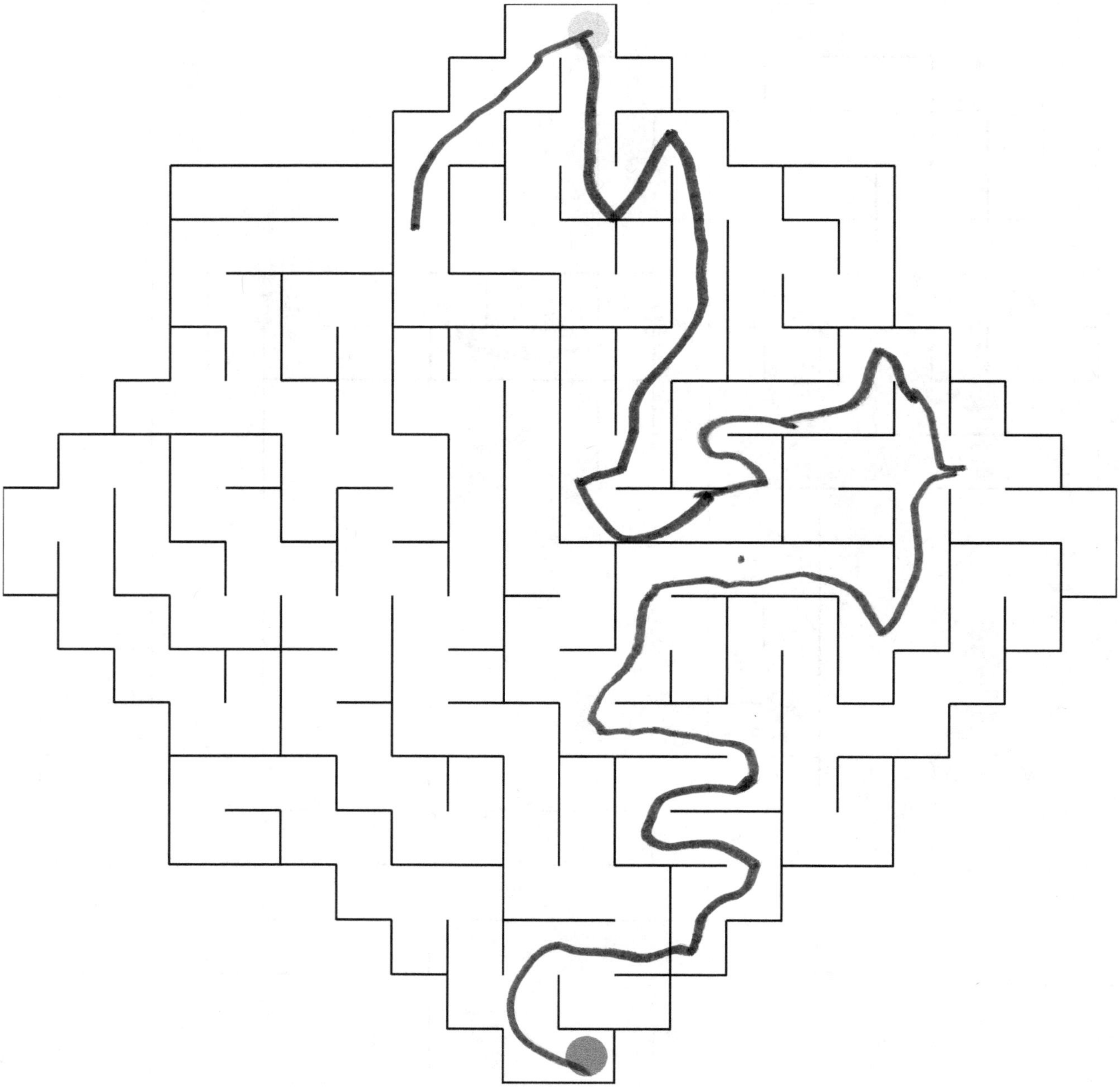

Maze #2

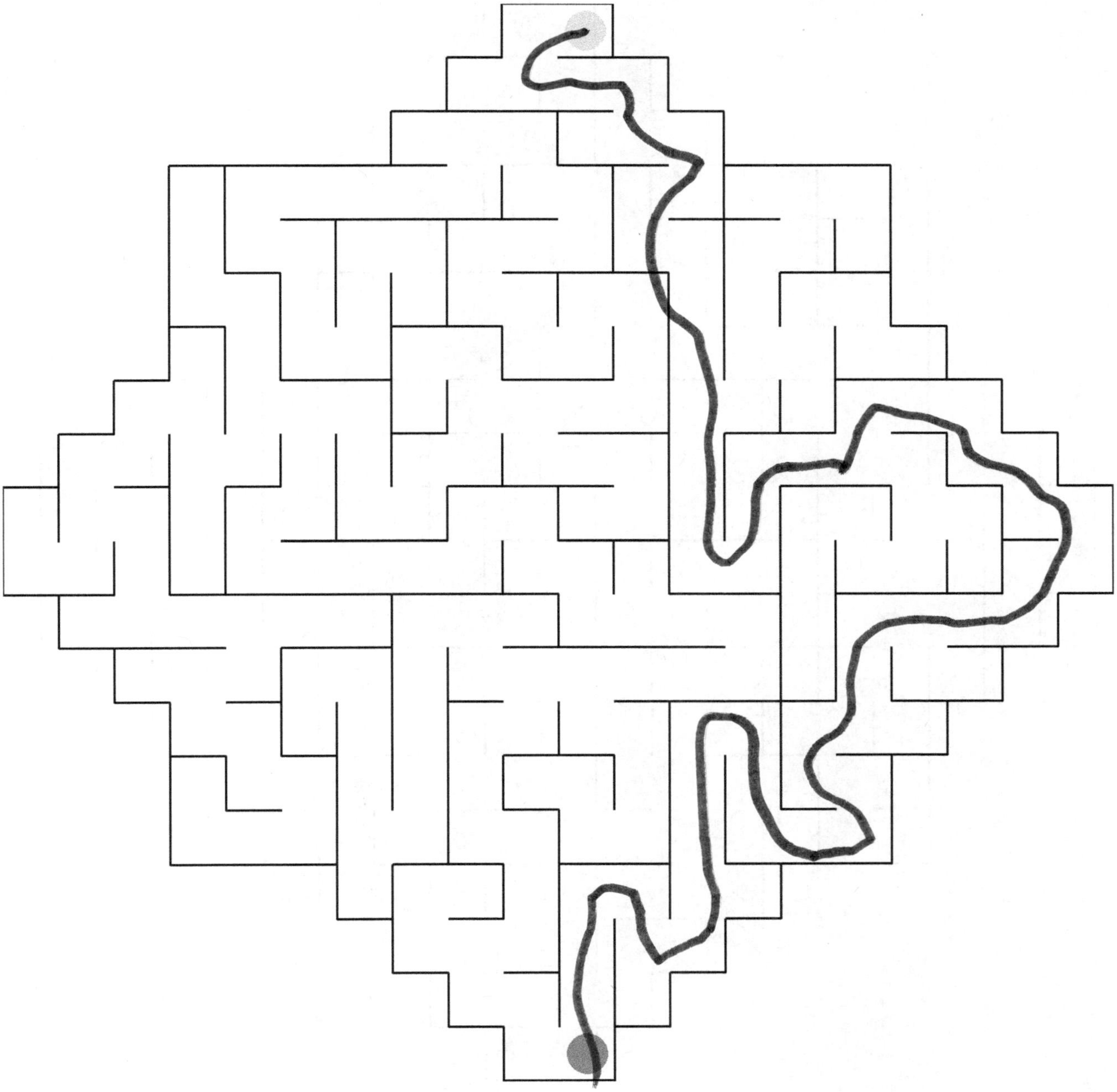

Maze #3

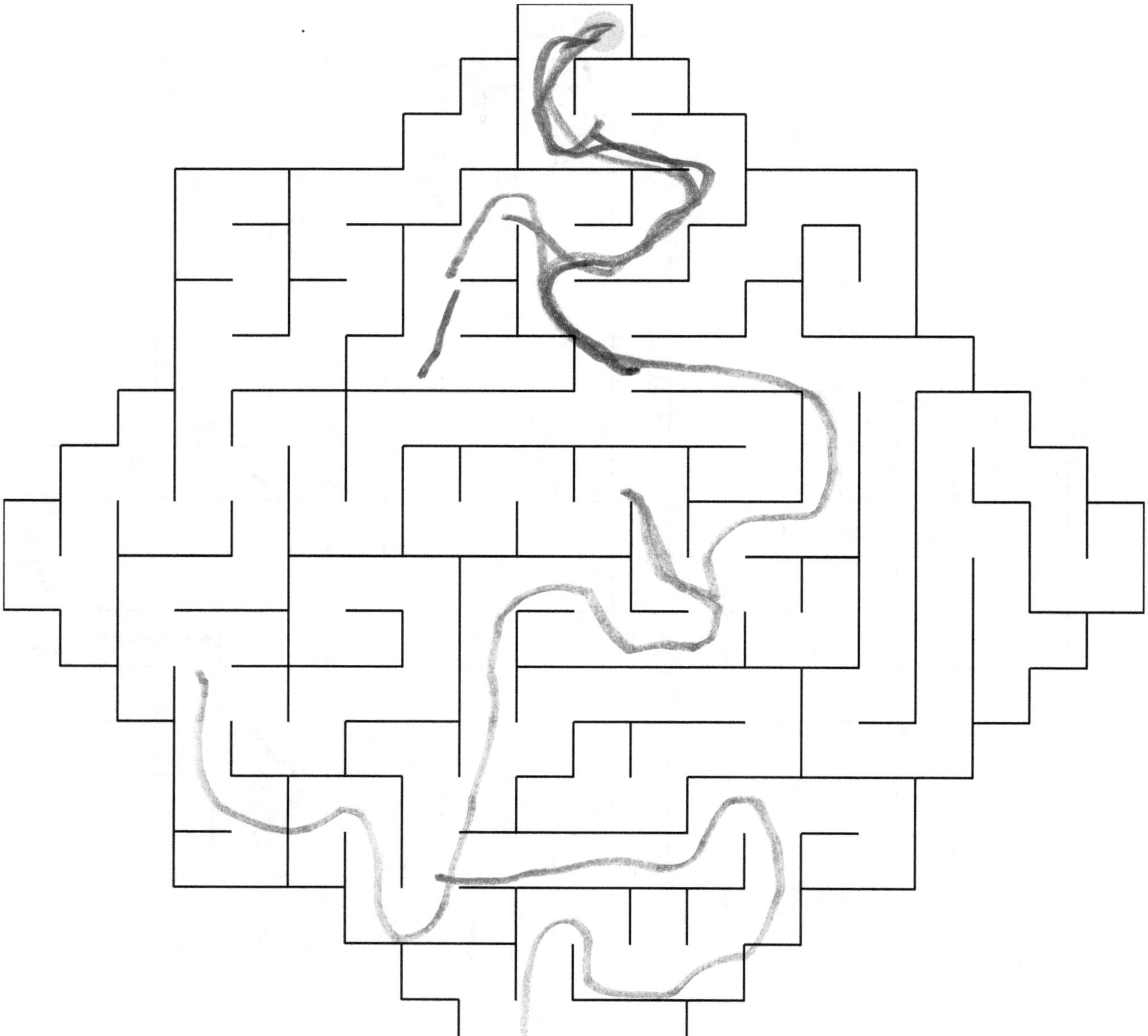

Maze #4

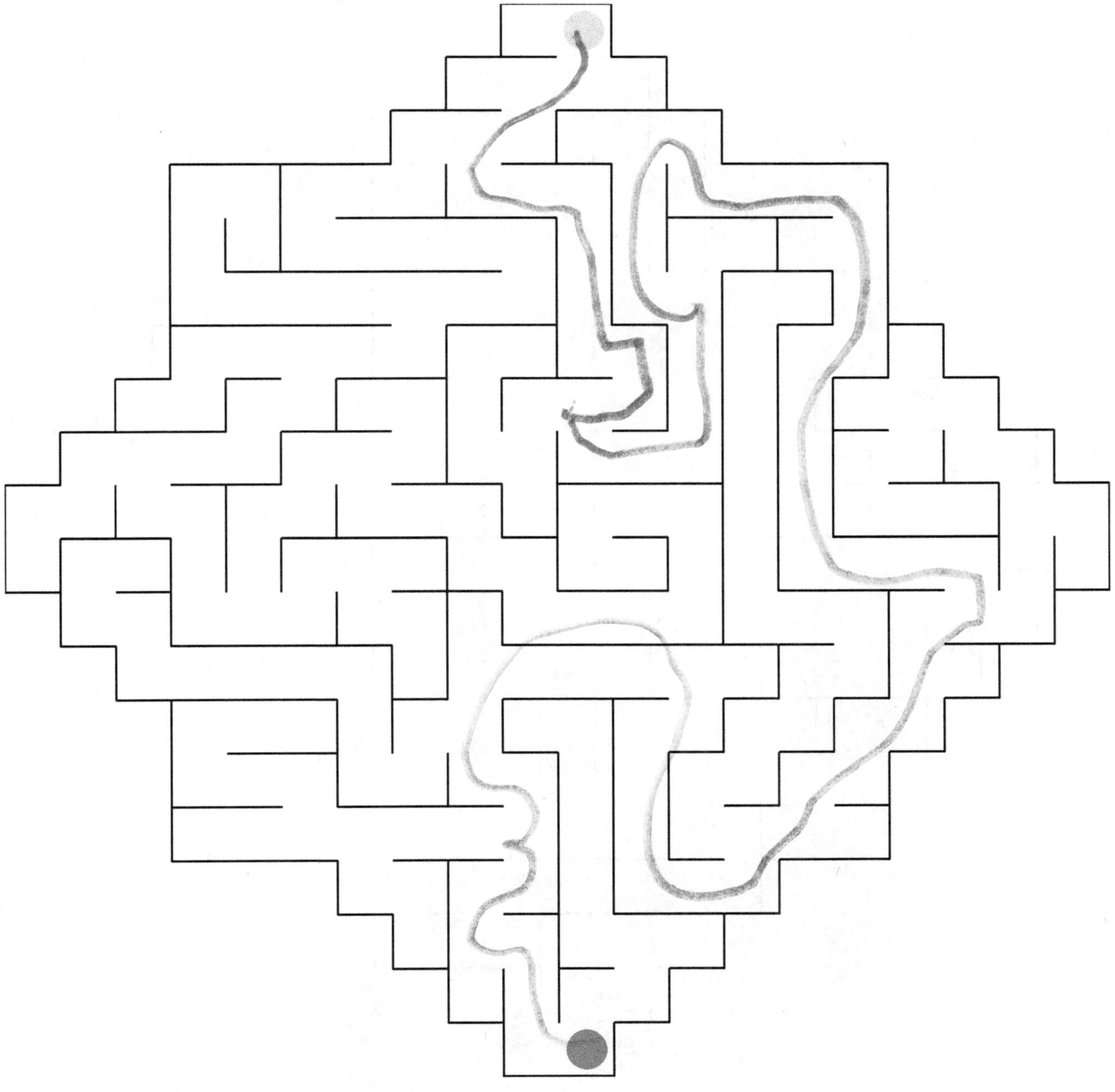

Maze #5

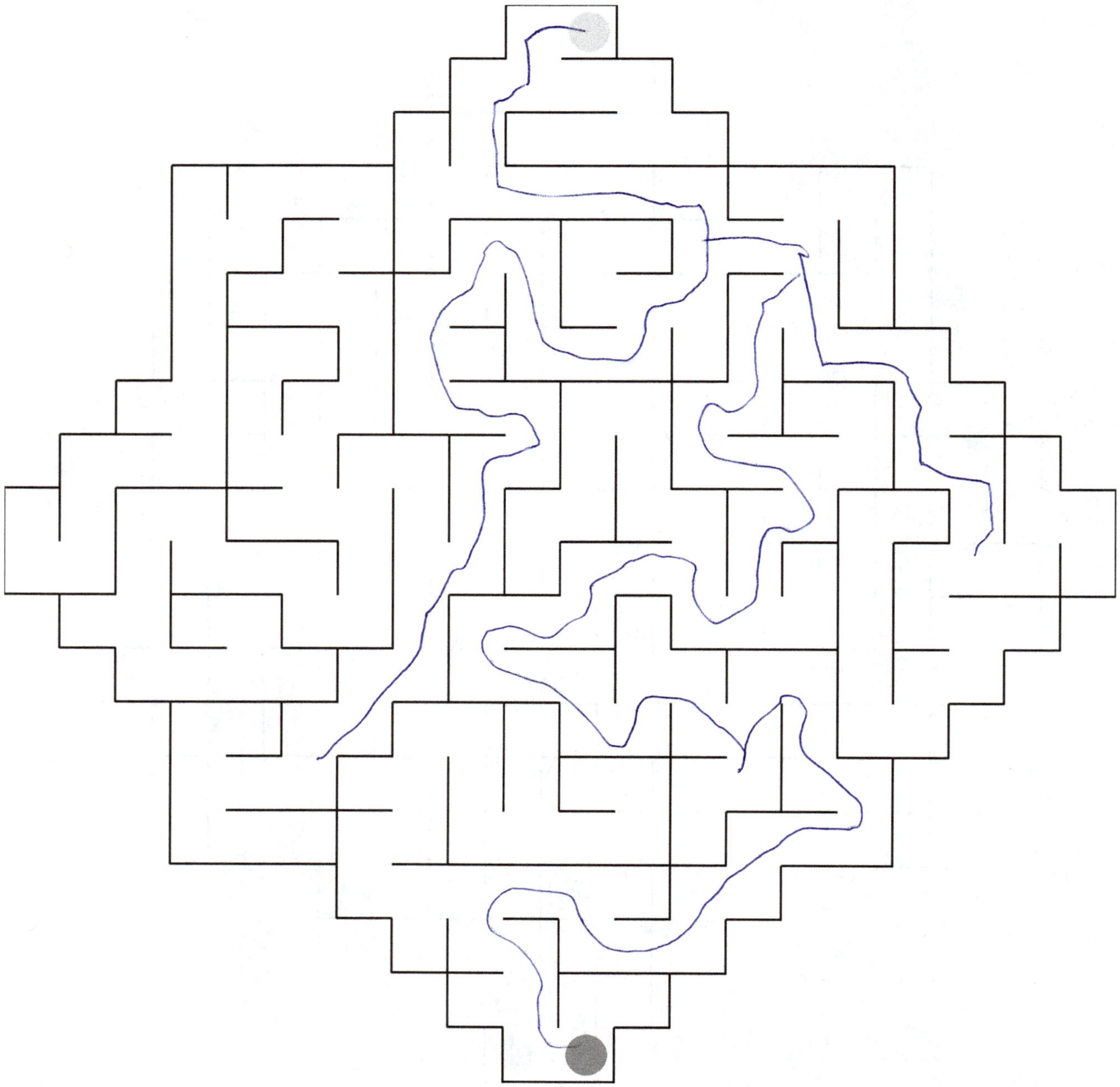

Maze #1

Maze #2

Maze #3

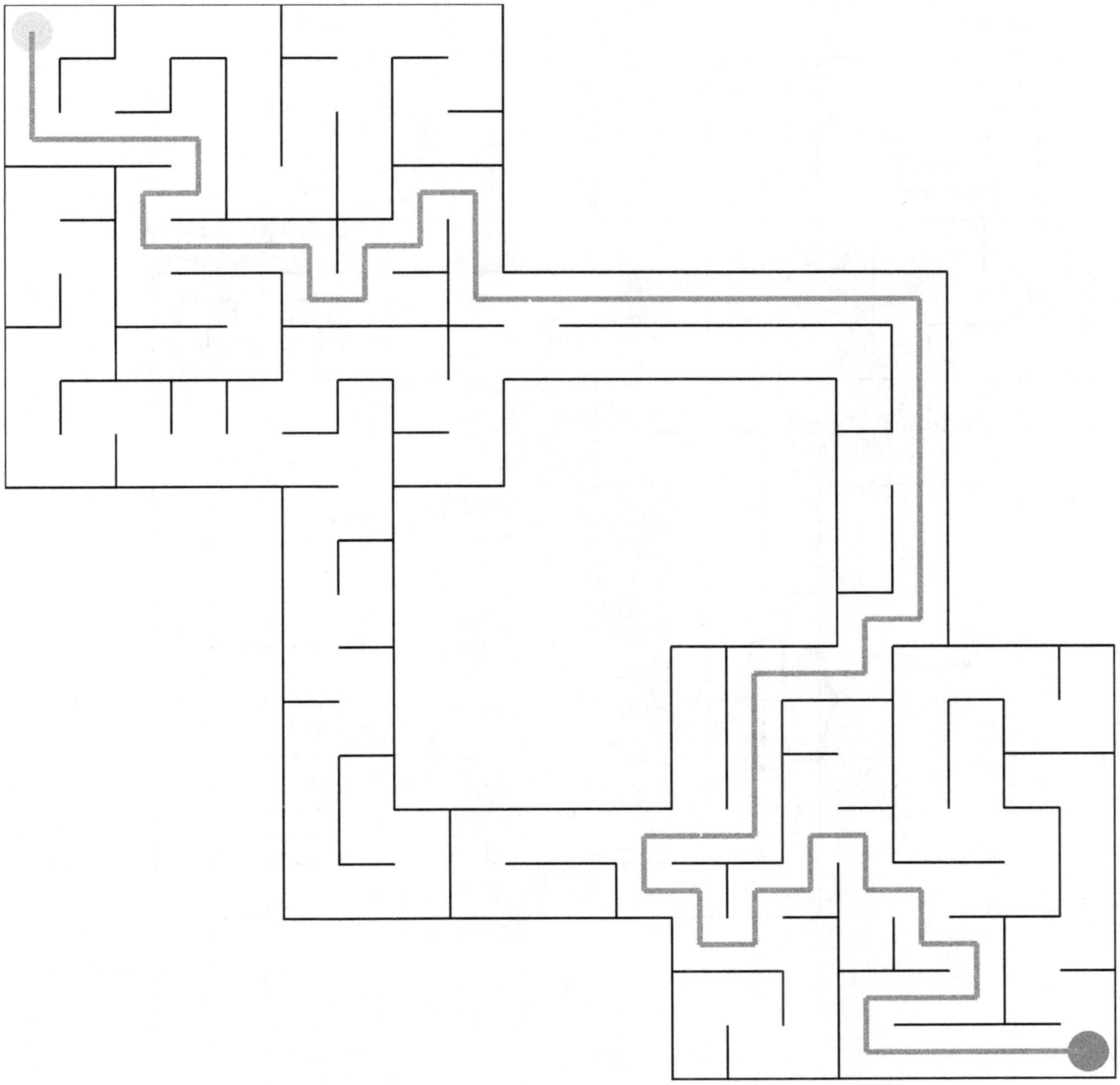

Maze #4

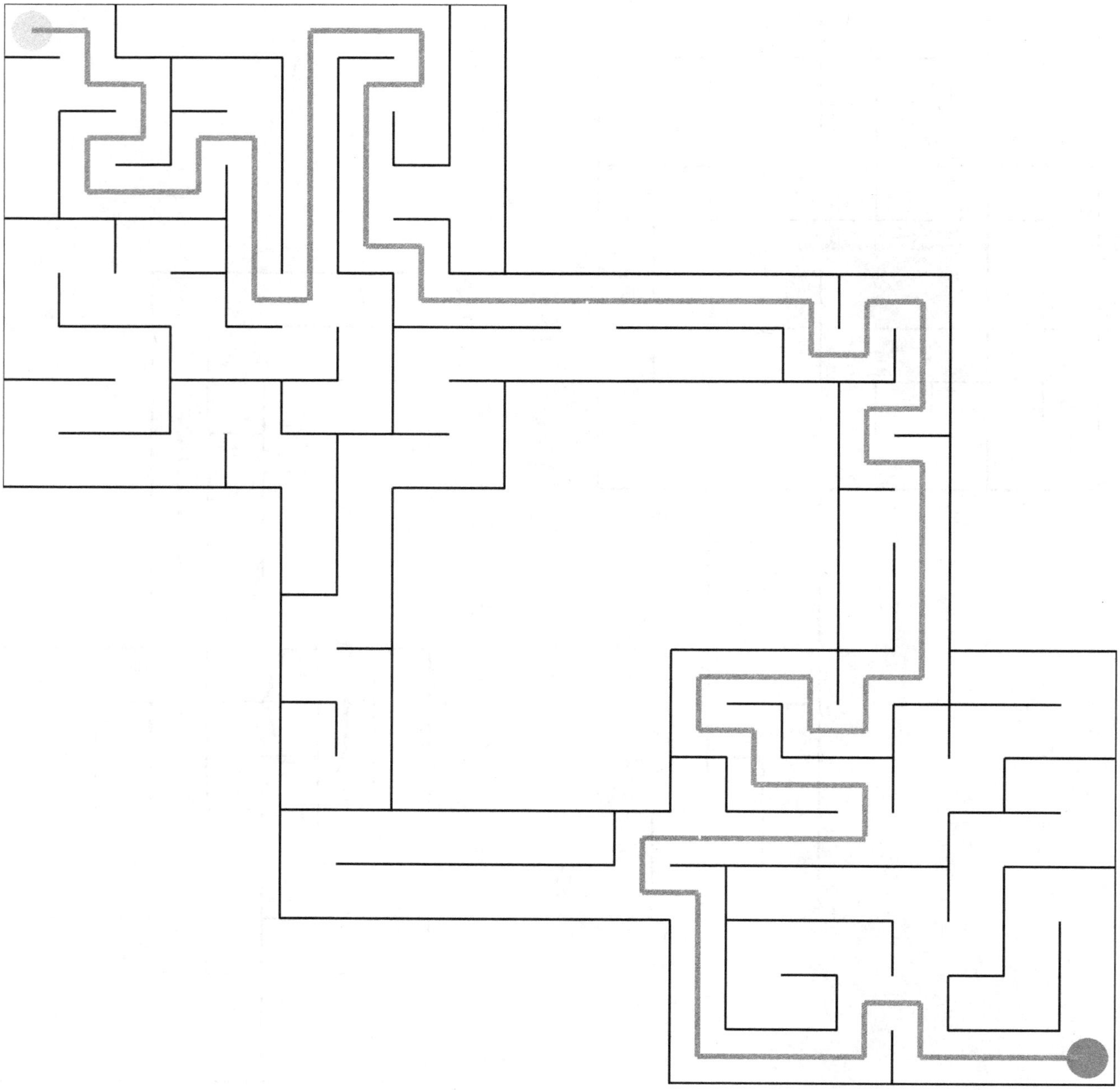

Maze #5

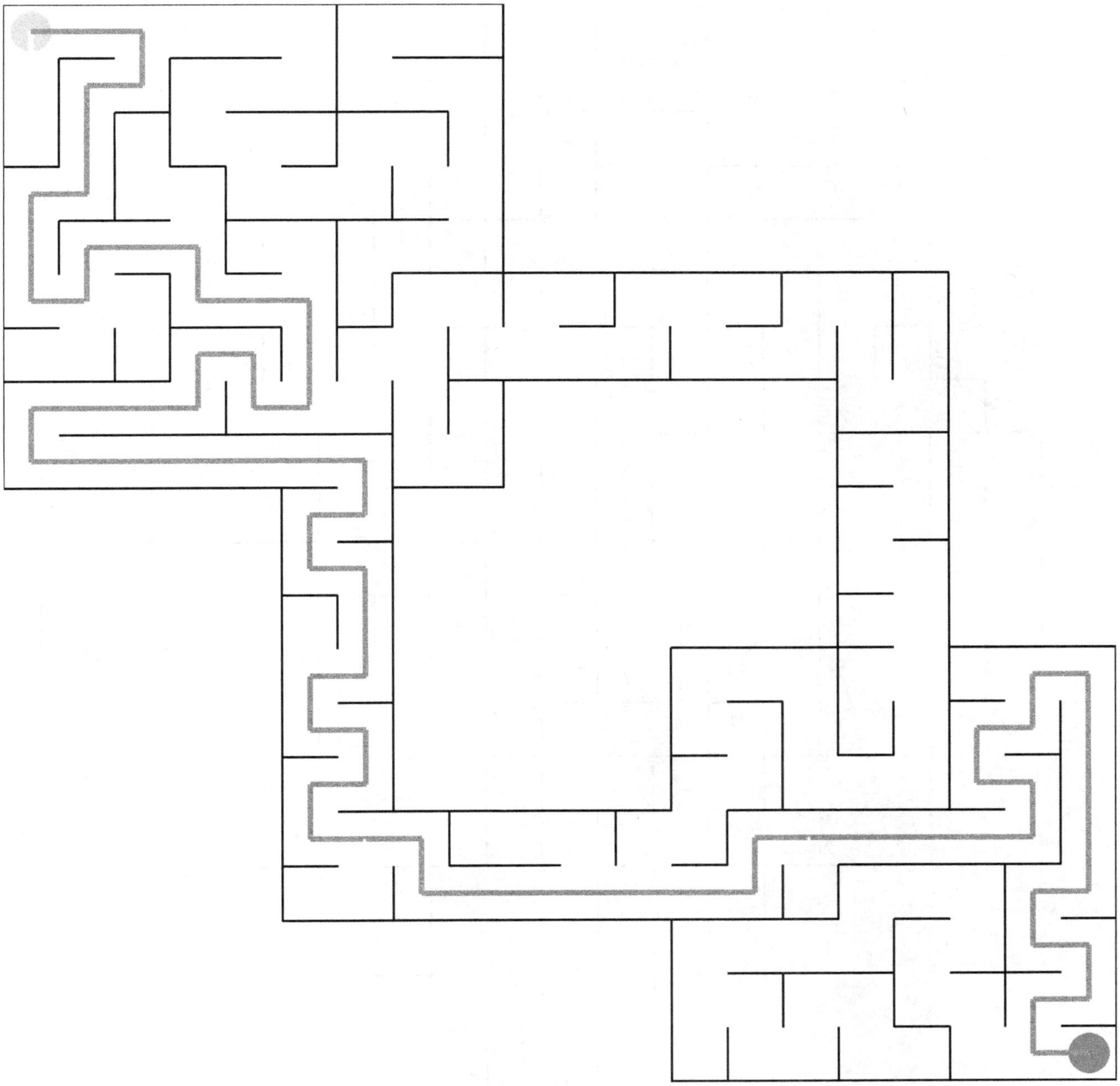

Maze #1

Maze #2

Maze #3

Maze #4

Maze #5

Picture slice #1

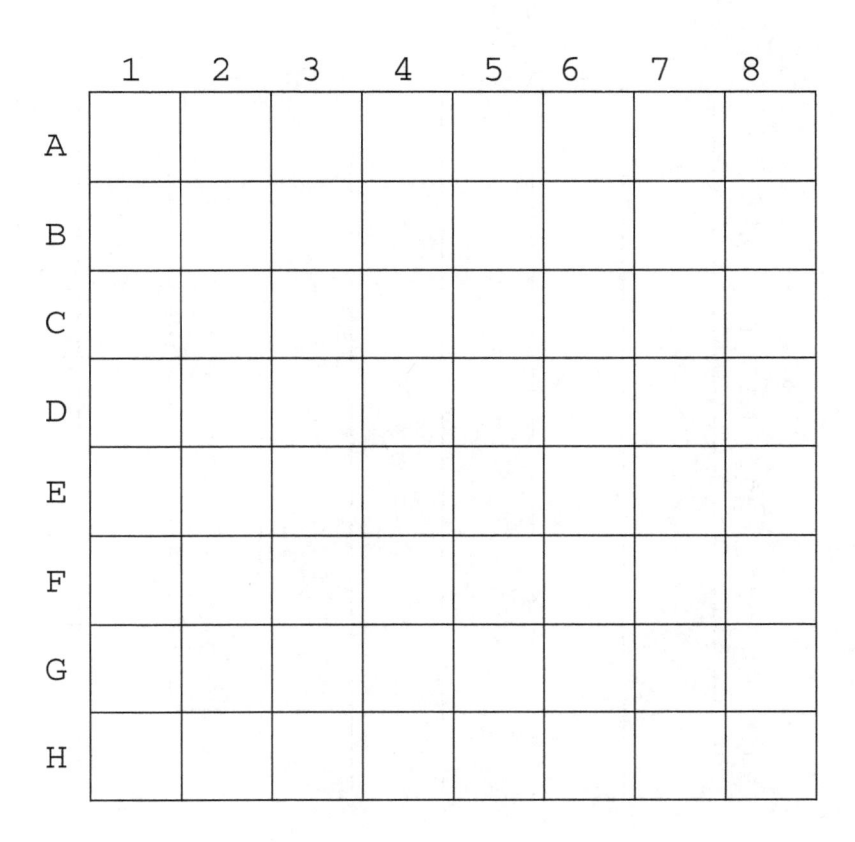

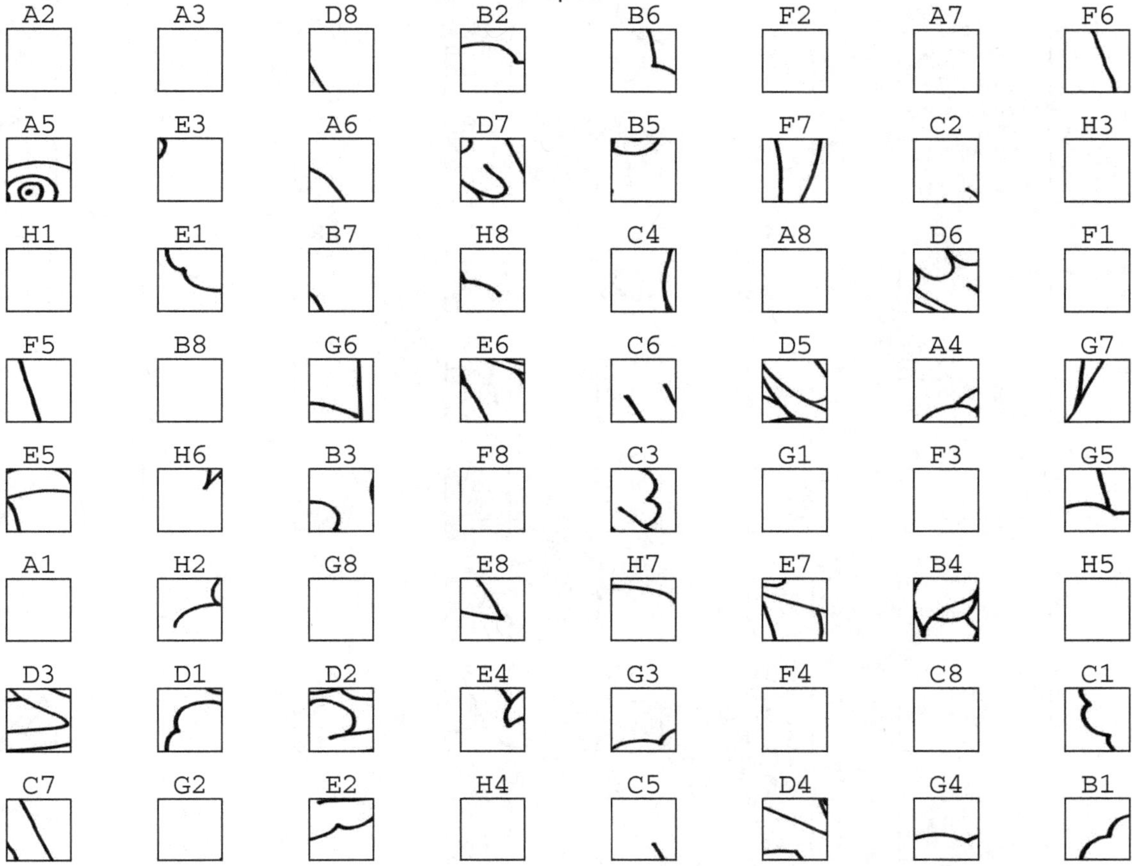

	1	2	3	4	5	6	7	8
A								
B								
C								
D								
E								
F								
G								
H								

Picture slice # 2

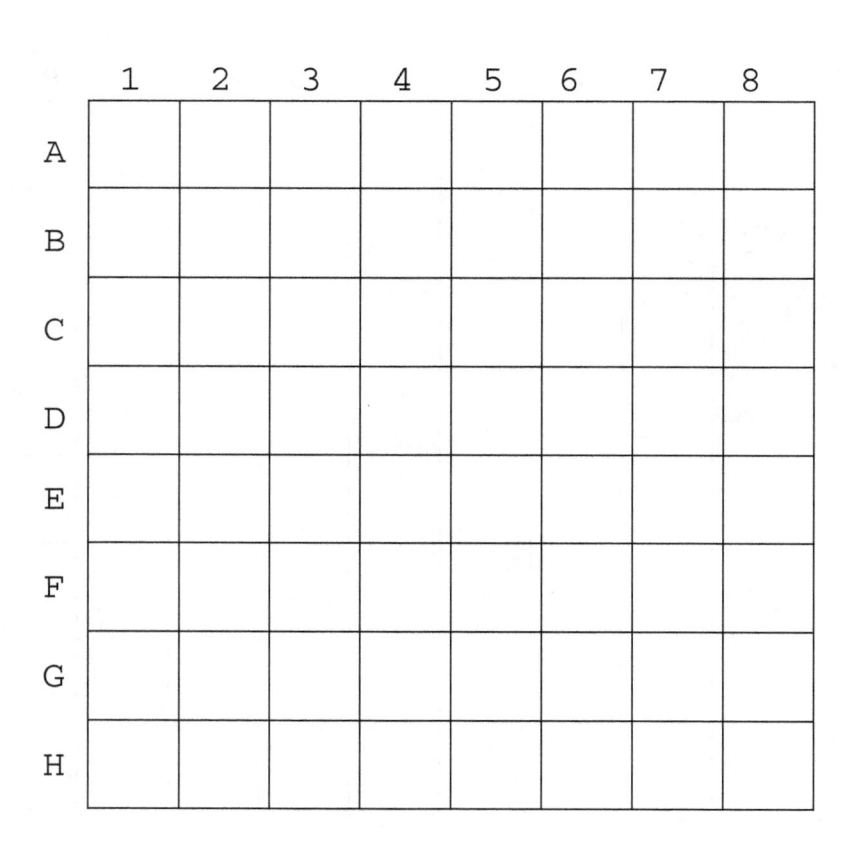

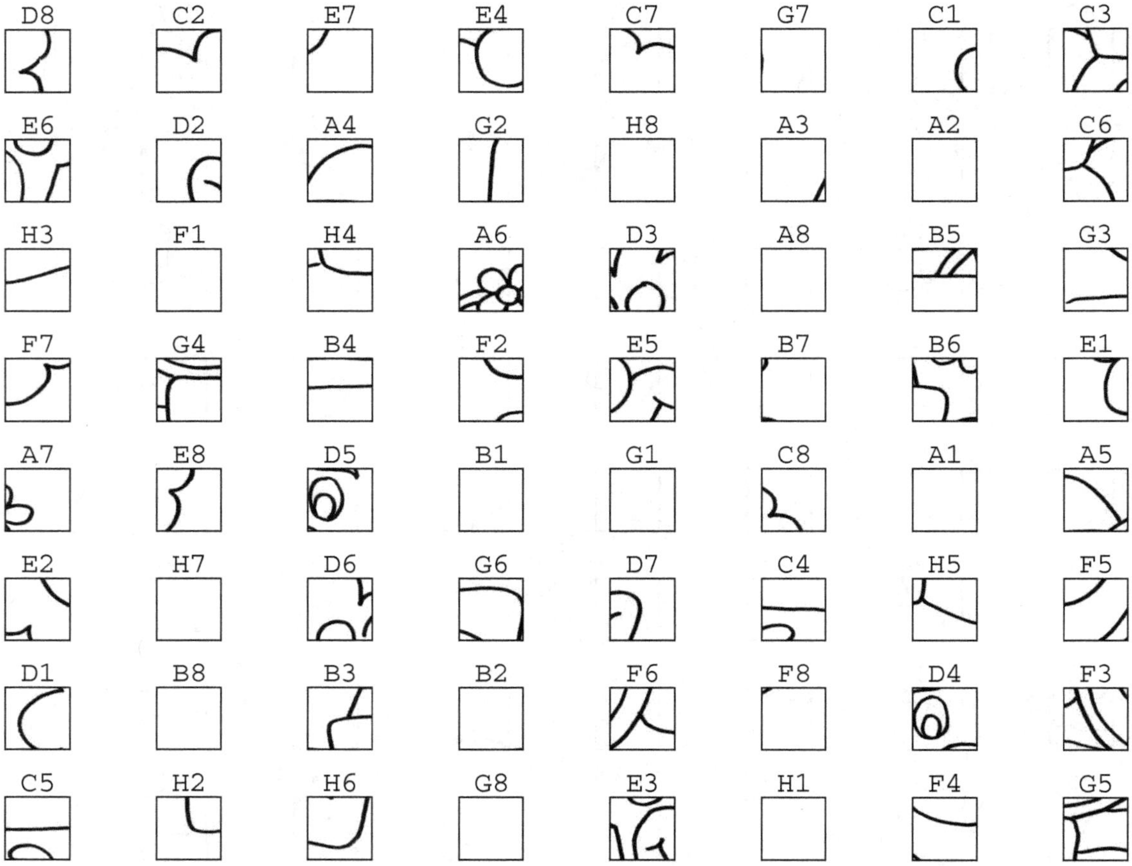

	1	2	3	4	5	6	7	8
A								
B								
C								
D								
E								
F								
G								
H								

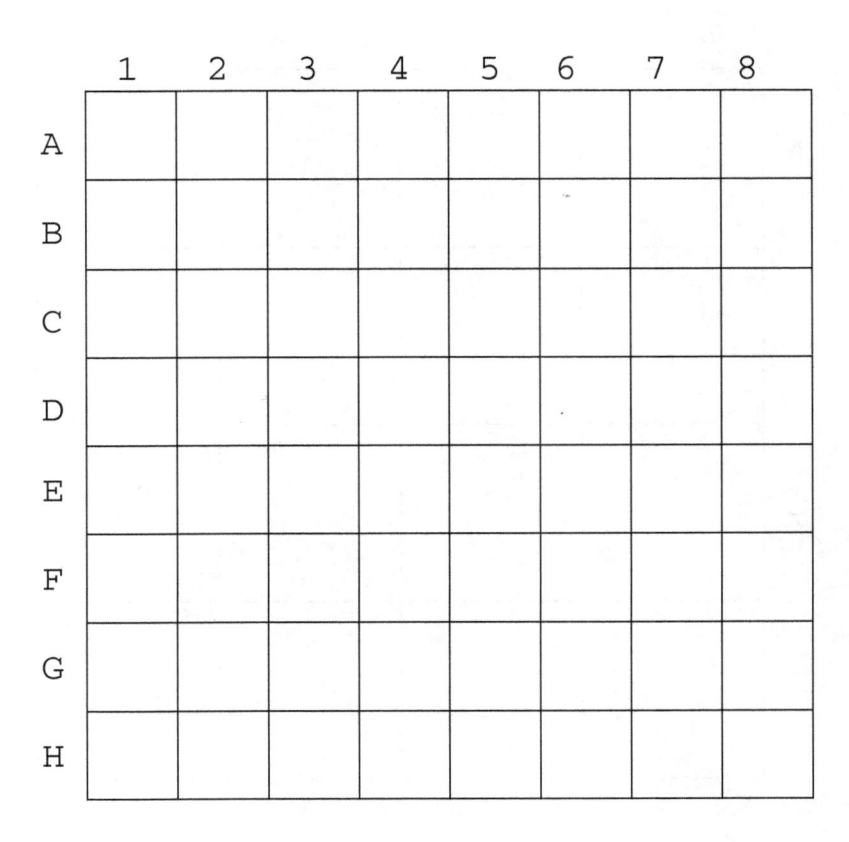
Picture slice # 3
F3 E5 G8 D4 D2 F8 F4 B7
H5 C5 D3 G2 G5 F5 F7 A3
G7 H8 A7 G3 B2 A5 F6 C2
A6 H3 H1 A2 H2 E8 B8 H4
G6 D8 C6 D7 C1 F2 H6 E4
B5 B4 B3 C3 C4 C7 F1 E6
D6 B1 H7 E2 E3 D1 G1 C8
A8 B6 A4 A1 E7 D5 G4 E1

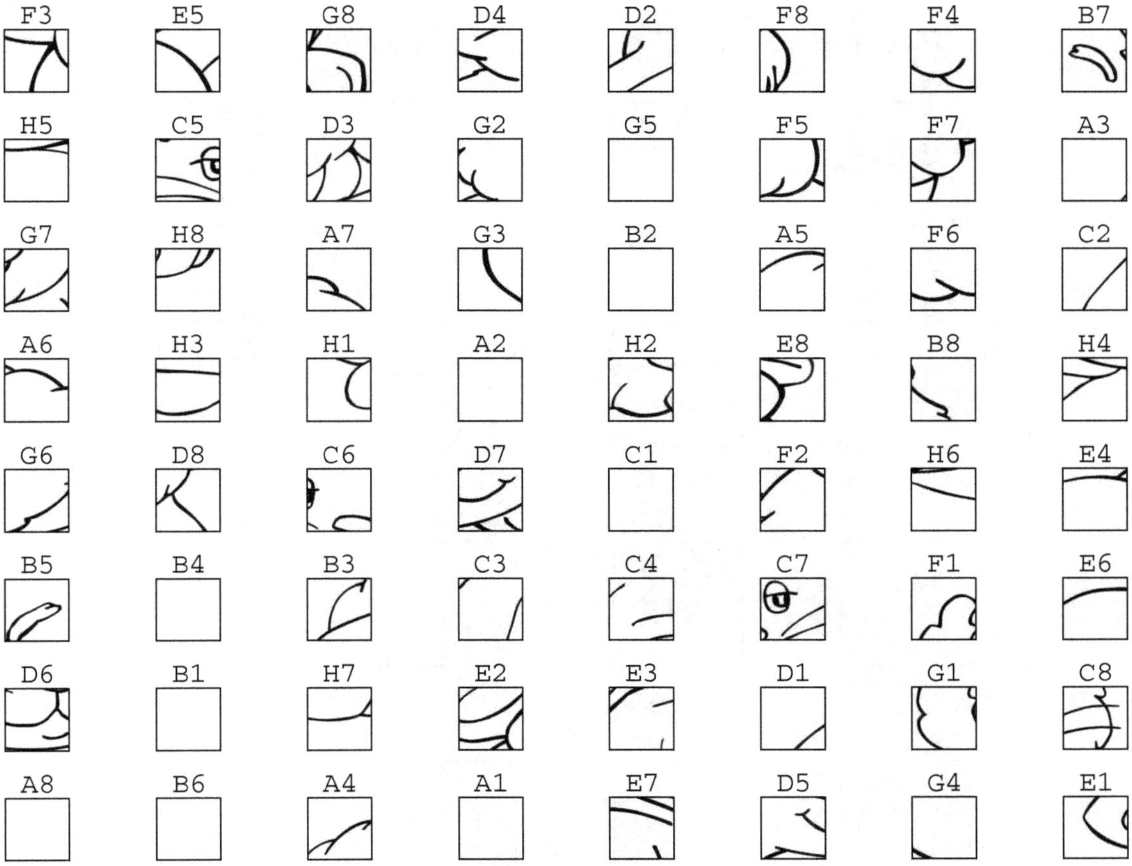
1 2 3 4 5 6 7 8
A
B
C
D
E
F
G
H

Picture slice # 4

C3

D2

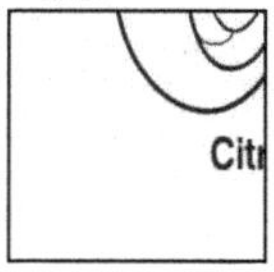

A1

B2

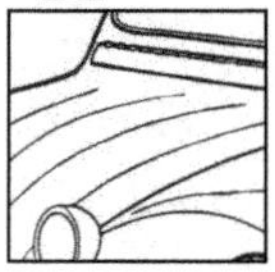

D3

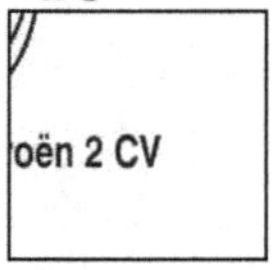

A3

A2

B3

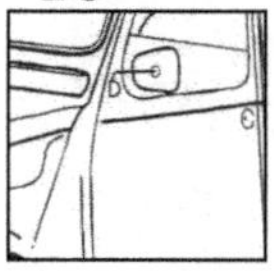

D1

C4

D4

B4

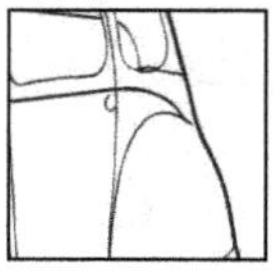

C1

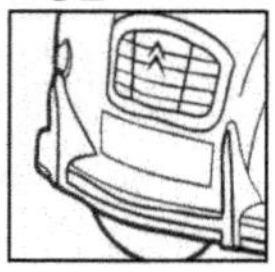

B1

C2

A4

	1	2	3	4
A				
B				
C				
D				

Picture slice # 5

D1

D3

C3

A1

A2

B4

B1

B2

D4

C4

A3

A4

C2

B3

D2

C1

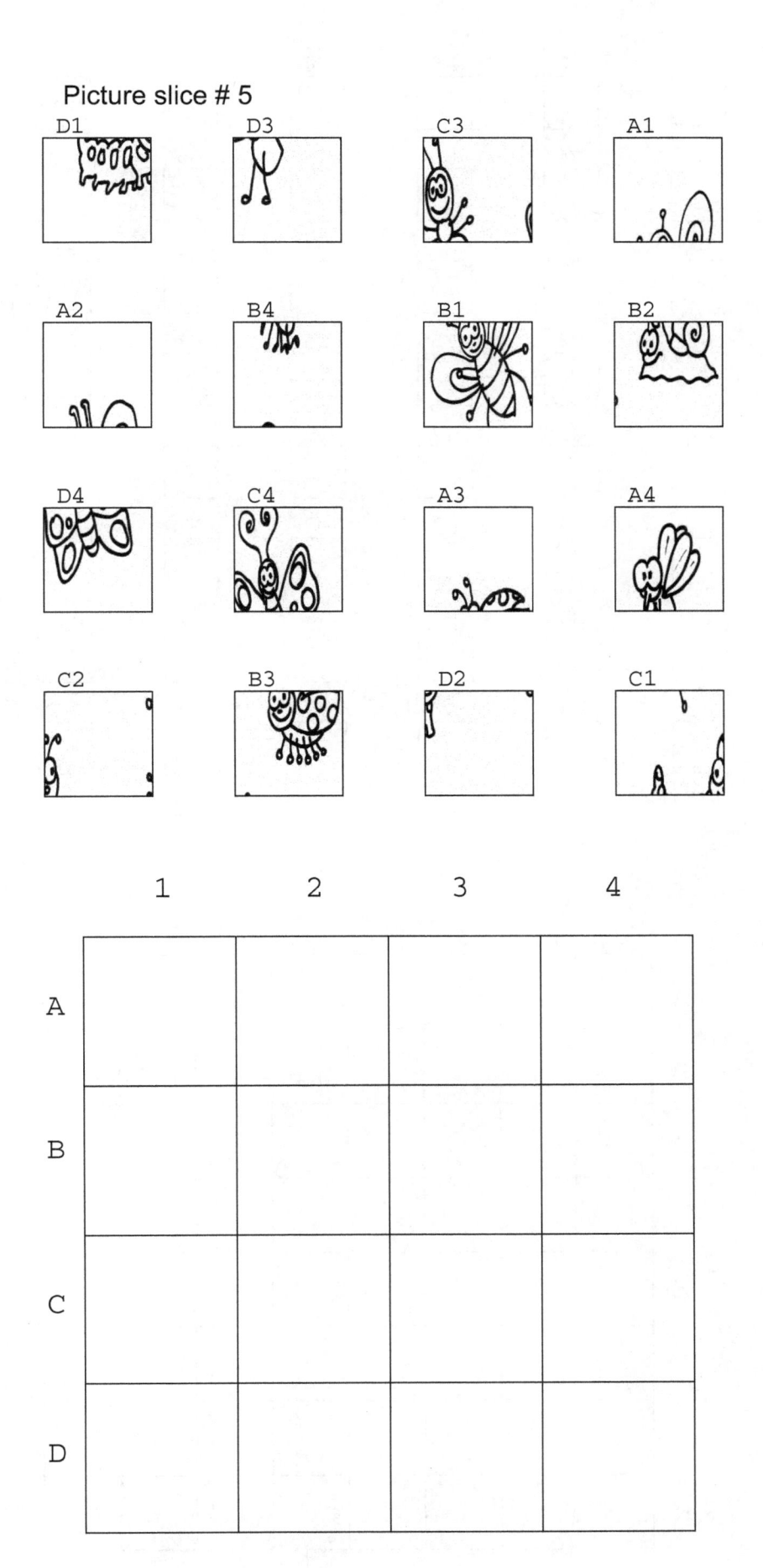

	1	2	3	4
A				
B				
C				
D				

Picture slice # 6

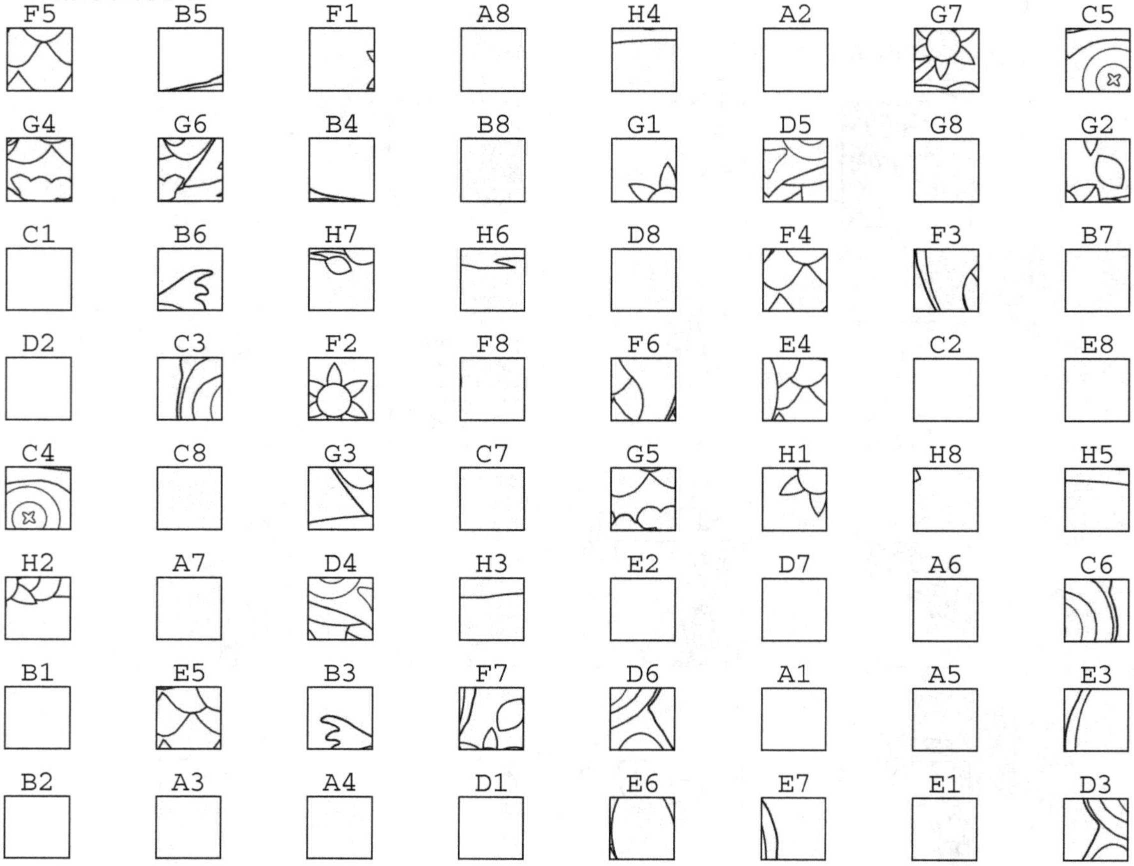

	1	2	3	4	5	6	7	8
A								
B								
C								
D								
E								
F								
G								
H								

Picture Slice Answers

1

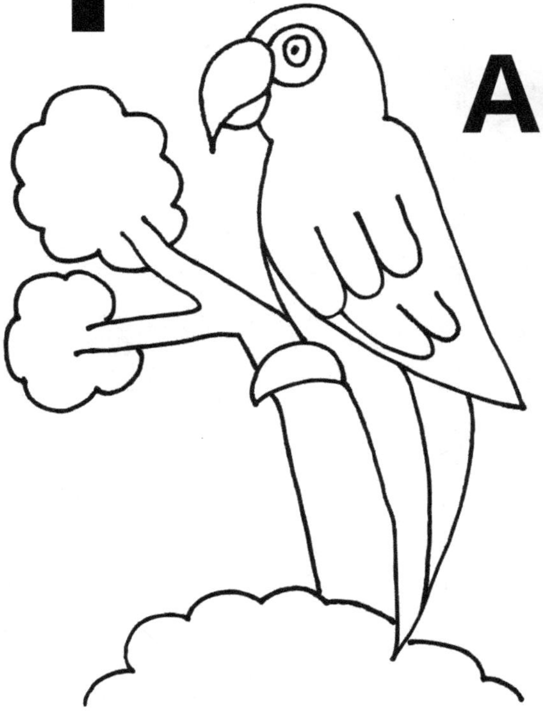

2

3

4

5

6

Chapter 5

Dot-To-Dot

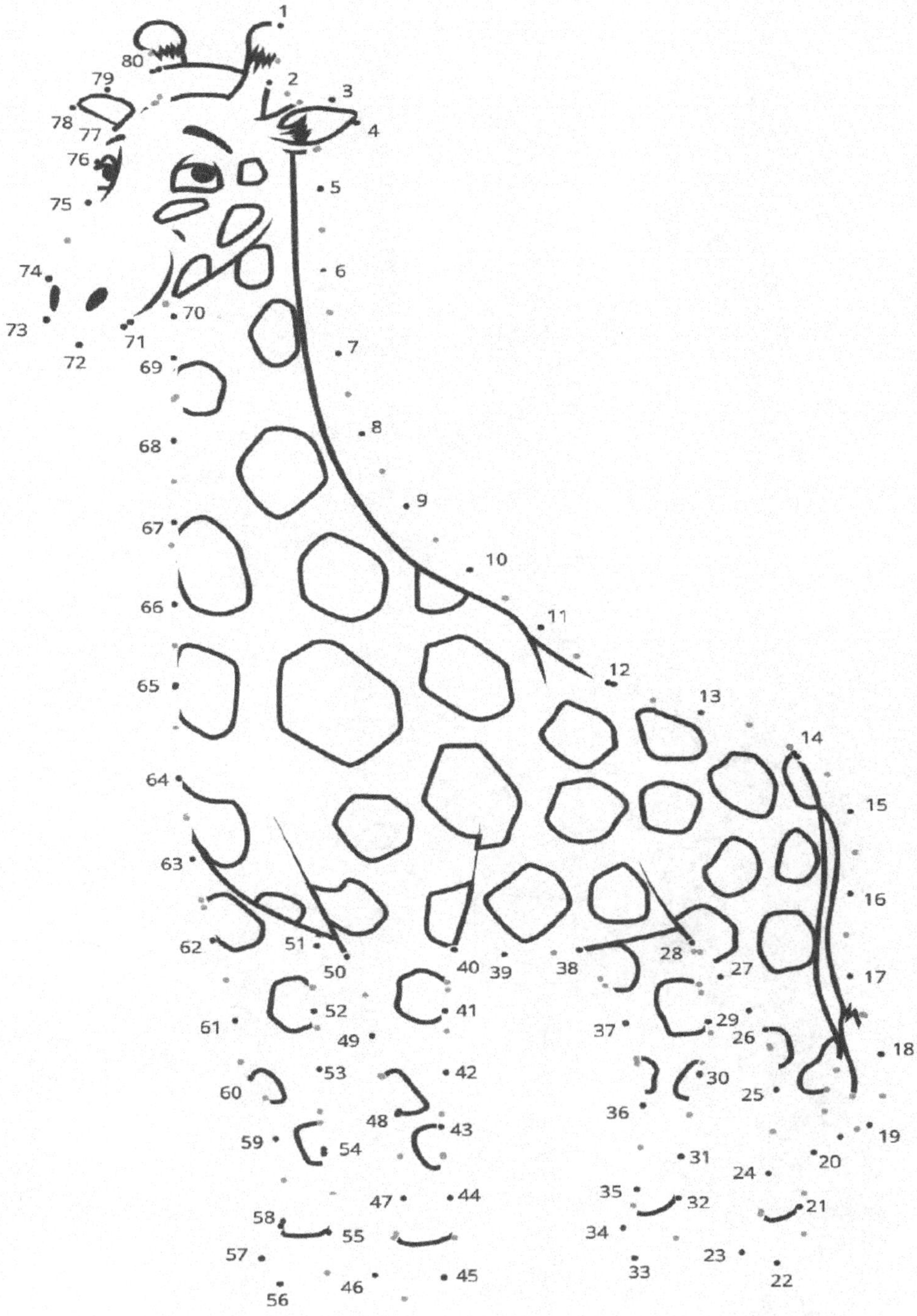

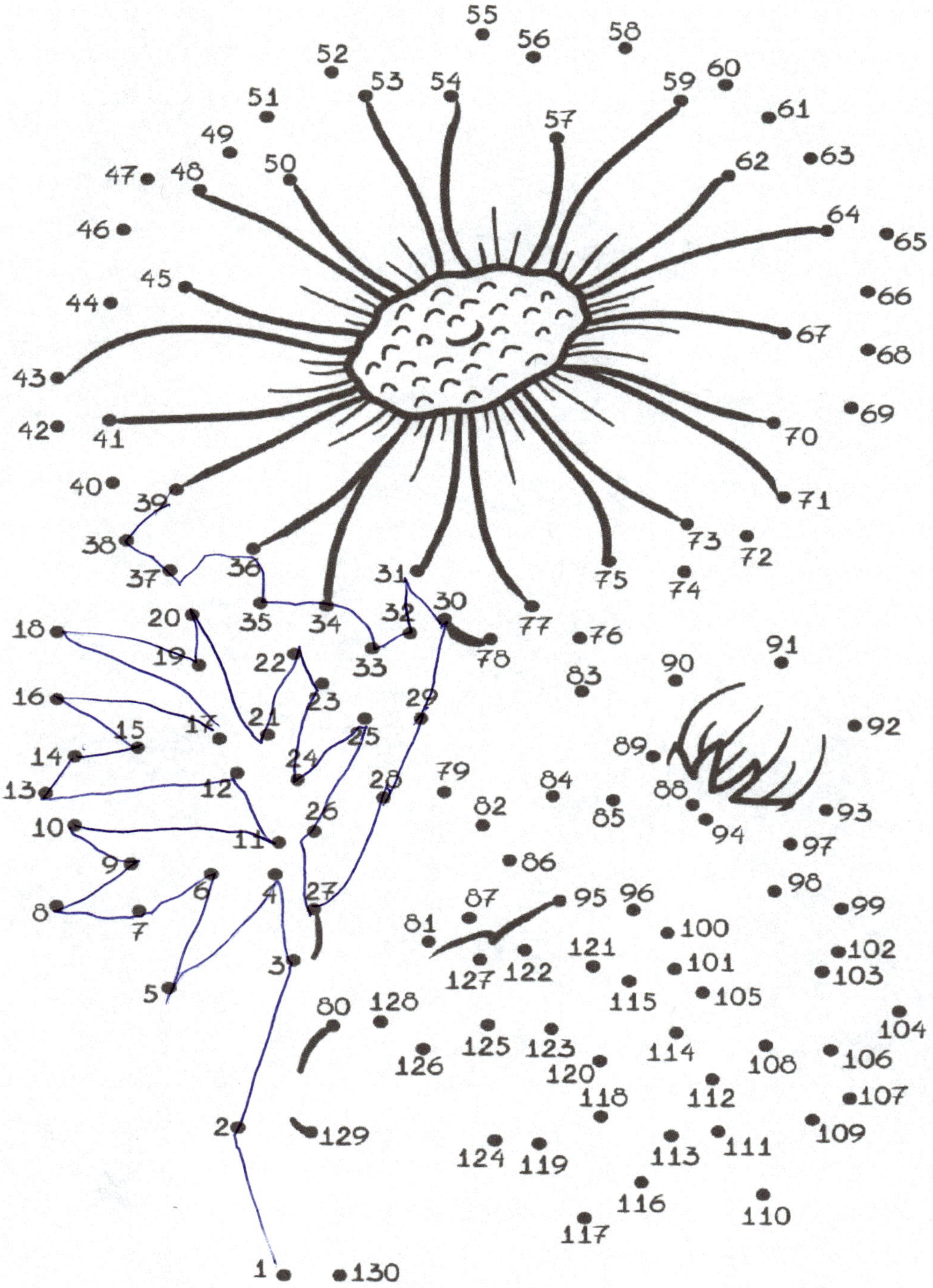

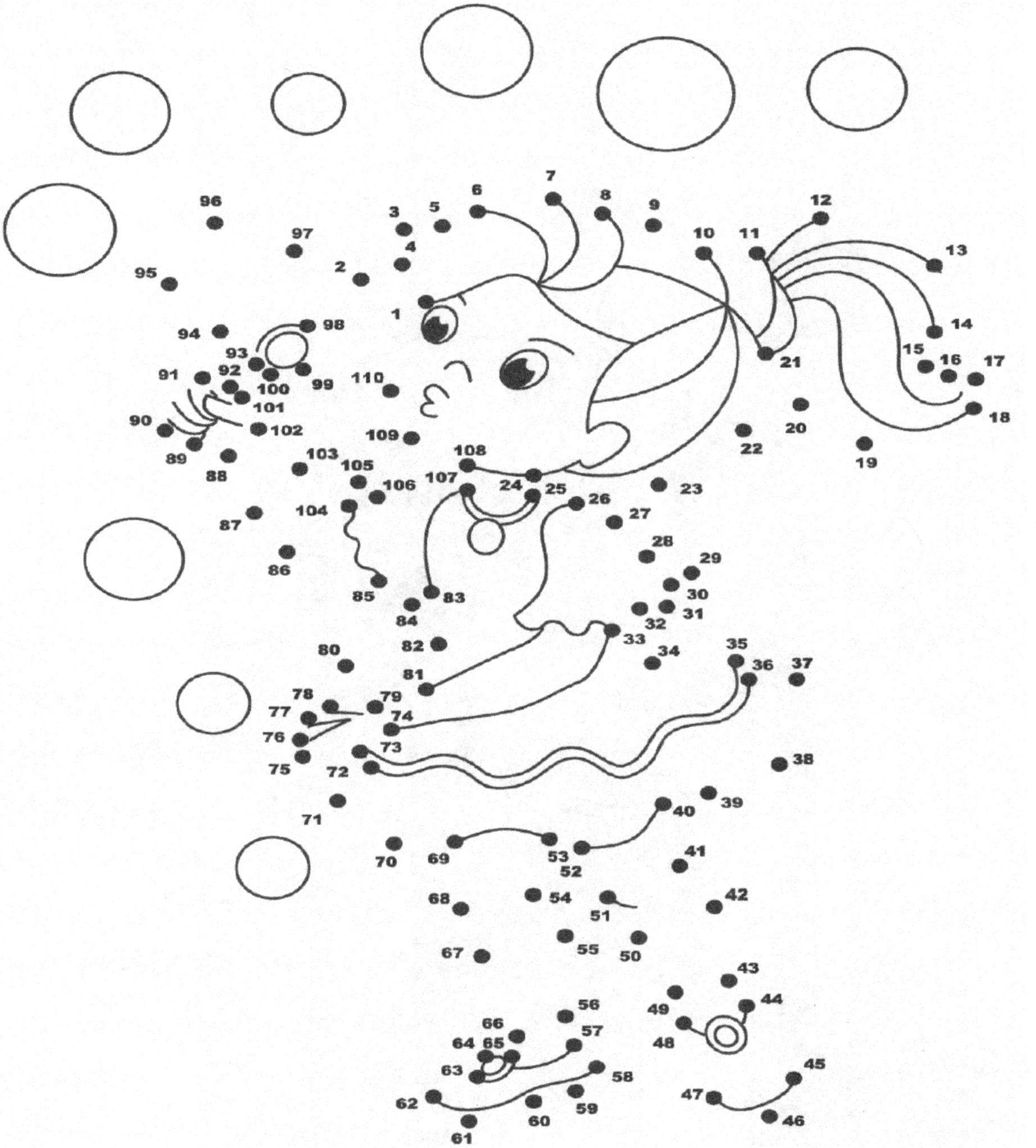
1
2
3
4
5
6
7
8
9
10
11
12
13
14
15
16
17
18
19
20
21
22
23
24
25
26
27
28
29
30
31
32
33
34
35
36
37
38
39
40
41
42
43
44
45
46
47
48
49
50
51
52
53
54
55
56
57
58
59
60
61
62
63
64
65
66
67
68
69
70
71
72
73
74
75
76
77
78
79
80
81
82
83
84
85
86
87
88
89
90
91
92
93
94
95
96
97
98
99
100
101
102
103
104
105
106
107
108
109
110

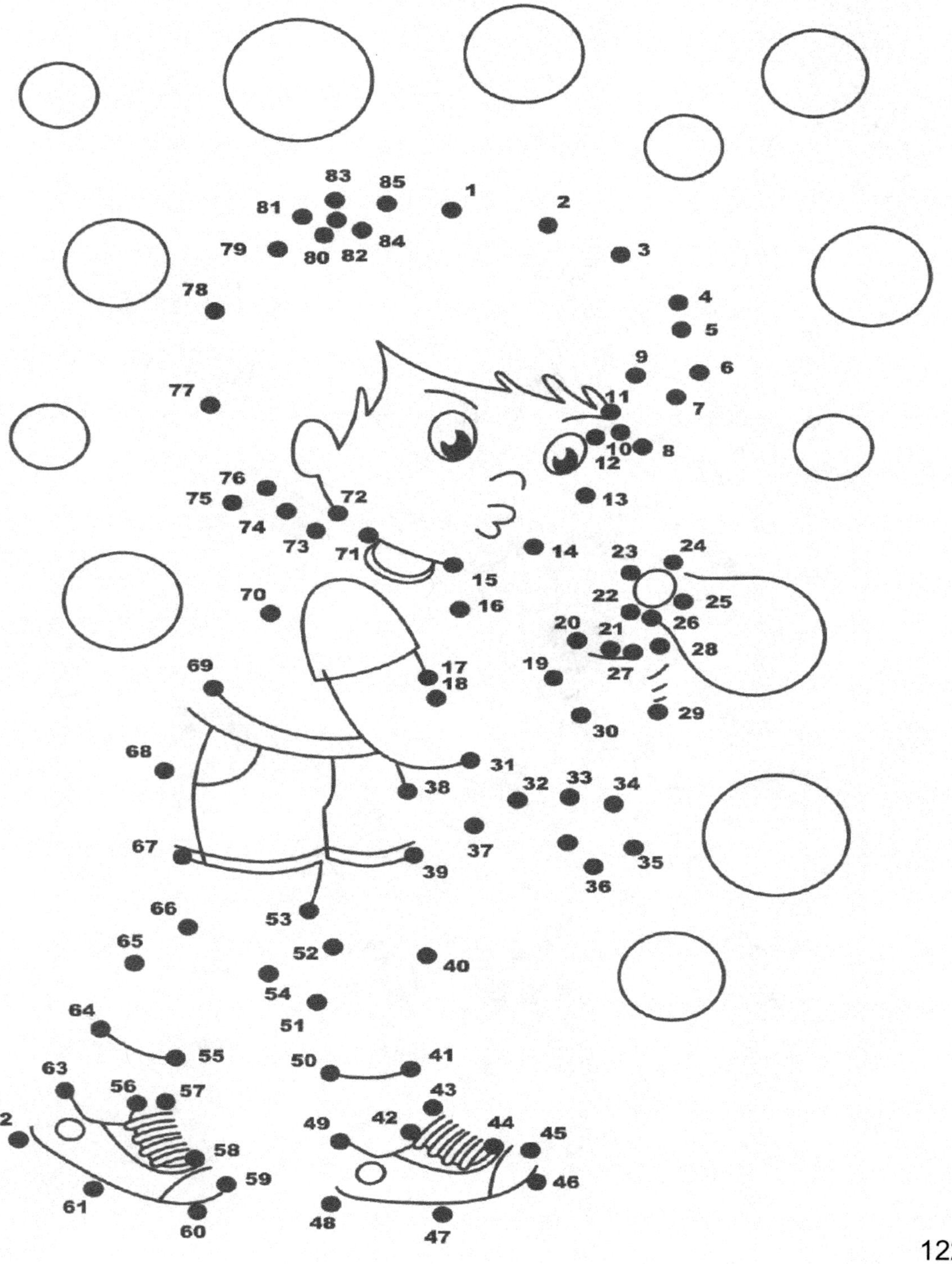
1
2
3
4
5
6
7
8
9
10
11
12
13
14
15
16
17
18
19
20
21
22
23
24
25
26
27
28
29
30
31
32
33
34
35
36
37
38
39
40
41
42
43
44
45
46
47
48
49
50
51
52
53
54
55
56
57
58
59
60
61
62
63
64
65
66
67
68
69
70
71
72
73
74
75
76
77
78
79
80
81
82
83
84
85

Chapter 6

Coloring pictures

Z Z Z

CPSIA information can be obtained
at www.ICGtesting.com
Printed in the USA
LVHW061456120221
679177LV00038B/745

9 798596 992939